Liz Wagstaff

FARBE & WOHNEN

Effektvolle Ideen
für dekoratives Malen
und Gestalten

Patinieren, Krakelieren,
Holz- und Steineffekte
und vieles mehr

BLV

Meiner Mutter und Mark sowie allen Familienmitgliedern zum Dank für ihre Liebe und Unterstützung

Vordere Umschlagseite: *Dunkelgelbe Kunstputzwände und mit Antikisierungstechnik behandelte Türe*
Seite 1: *Wand mit Schachbrettmuster und goldener Schablonenmalerei*
Seite 4: *Falscher Marmor und Kerzenhalter mit Bleiimitationsanstrich*
Seite 5: *Graniteffekt auf einem Kunststofftopf*

Der Herausgeber übernimmt keine Haftung für die in diesem Buch beschriebenen Materialien oder Verfahren. Materialien, Geräte, Techniken und Anwendungsbereiche können stark variieren und unterliegen der Verantwortlichkeit des Lesers. Beachten Sie deshalb die Hinweise der Hersteller und befolgen Sie die erforderlichen Sicherheitsmaßnahmen.

BLV Verlagsgesellschaft mbH
München Wien Zürich
80797 München

Titel der englischen Originalausgabe:
Country Living. PAINT RECIPE BOOK

1995 erschienen bei Quadrille Publishing Limited, 9 Irving Street, London WC2H 7AT/ Großbritannien

Deutschsprachige Ausgabe:

Produktionsbetreuung: Print Company Verlagsges.m.b.H., Margaretenstr. 87, 1050 Wien
Übersetzung aus dem Englischen: Alexandra Zemann
Lektorat: Wolfgang Dorninger
Einbandgestaltung: Sander & Krause, Werbeagentur, München
Einbandfoto: Agence Top/Michel Klein
Satz: Dorfinger + Kaltenbrunner

Druck und Bindung:
Cayfosa Industria Grafica, Spanien
ISBN 3-405-15041-8

Die Deutsche Bibliothek – CIP-Einheitsaufnahme

Farbe & Wohnen : effektvolle Ideen für dekoratives Malen und Gestalten ; Patinieren, Krakelieren, Holz- und Steineffekte und vieles mehr / Liz Wagstaff. – München : BLV, 1996
Einheitssacht.: Country living. Paint recipe book <dt.>
ISBN 3-405-15041-8
NE: Wagstaff, Liz; Farbe und Wohnen; EST

INHALT

6 Einleitung

12 TEIL 1 – VORBEREITUNG

14 Materialien
28 Pinsel und andere Utensilien
34 Maltechniken
38 Praktische Hinweise
42 Flächenvorbehandlung

48 TEIL 2 – FARBREZEPTE

50 Wände
102 Holztechniken
140 Steintechniken
156 Metalltechniken
168 Dekorative Techniken

188 Bezugsquellen
Literaturempfehlungen
189 Register
191 Danksagungen

EINLEITUNG

Links: Toskanische Idylle. Die bemalte Kommode, der einfache, gelbe Stuhl und der blaßgrüne Fensterrahmen sowie die Fensterläden sind natürlich gealtert. Das schaffen Sie innerhalb weniger Tage, sobald Sie sich die einfachen Antikisierungstechniken angeeignet haben. Der Effekt wird zudem durch sorgfältige Mischung der Farben unterstrichen.

Seit Jahrhunderten wird Farbe zum Veredeln von Wänden und Möbelstücken verwendet, und in dieser Zeit wurden neben dem glatten, einfarbigen Standardanstrich unzählige dekorative Techniken und Effekte entwickelt. Viele der nun als traditionell geltenden Maltechniken hatten ihren Ursprung in den Häusern der Aristokratie und wurden später von den aufstrebenden Kaufleuten übernommen, die auch in luxuriös ausgestatteten Häusern leben wollten. So ließen im Mittelalter italienische Kaufleute von Künstlern textilähnliche Wandbemalungen anfertigen, welche die Farbenpracht ausländischer Textilien nachahmten. Im Frankreich des 18. Jahrhunderts konnte man – wenn man viel Geschmack und wenig Geld hatte – mit Hilfe der kunstfertigen Maltechnik des »Ziehens« elegante, seidenverkleidete Wände schaffen.

Verwandlung, Illusion, ja vielmehr Täuschung waren üblich, um das Aussehen von unbehandeltem Stein, luxuriösem Marmor oder prachtvoller Vergoldung nachzuahmen. Bereits im 14. Jahrhundert wurden Vergoldungen – dünnes Blattmetall auf Holz oder Putz – als Imitation von echter Golddekoration überaus populär, die sich allerdings nur die Reichsten leisten konnten. In der Renaissance begann man in Italien und Frankreich, Marmor zu imitieren. Diese Technik wurde in dem Maß weiterentwickelt, daß einige Maler die realistischen Farben Grau, Rosa und Gelb durch Phantasiefarben ersetzten.

Die Erschließung der Seidenstraße, die als Handelsweg China und Europa verband, hatte ebenfalls großen Einfluß auf die Entwicklung von Maltechniken. Mit eingelegten Muscheln verzierte Gegenstände gelangten nach Europa, und im 16. Jahrhundert kannten italienische Handwerker bereits ein Verfahren, denselben Effekt zu erzielen, indem sie Zinn verwendeten. In den folgenden zweihundert Jahren stellten auch Franzosen, Holländer sowie Deutsche mit Hilfe derselben Methoden schöne *objets d'art* und Möbel her. Eingelegtes Schildpatt war besonders beliebt, doch die Nachfrage war weit größer als das Angebot, und so wurde eine Imitationstechnik entwickelt, deren Beliebtheit im späten 17. Jahrhundert den Höhepunkt erreichte.

Im 18. Jahrhundert entstanden weitere Steinimitationen, wobei man gerne Ansichten der Außenfassade in Innenräumen verwendete. Zu Beginn setzte man die Anstriche großflächig und für imposante Architekturdetails ein, später auch für kleinere Räume und Objekte.

Auch viele in diesem Buch vorgestellte Holzimitationen haben eine lange Tradition. Sie waren ebenso schön und elegant wie teure Hölzer, wurden jedoch auf billigerem Bauholz aufgetragen. Firnis, an sich ein teurer und seltener Anstrich, konnte ebenfalls nachgeahmt werden.

In den ehemaligen Herrenhäusern finden wir vermutlich die am besten erhaltenen Beispiele traditioneller Anstriche. Doch es gibt noch weitere wunderbare Malereien in viel einfacheren öffentlichen Gebäuden sowie in Häusern und Wohnungen auf der ganzen Welt, da es neben der aristokratischen Tradition schon immer das Vermächtnis des populären volkstümlichen Stils gab. In diesem Buch wird auch darauf eingegangen, beispielsweise auf die kühle, blaugraue Farbpalette eines traditionellen skandinavischen Innenraums, das strahlende Blau, sanfte Rosa und warme Ocker der sonnigen Mittelmeerländer und die nüchternen Farben der Wohnungen der Shaker in den USA. Diese Stile und Anstriche sind fest verwurzelt mit den oft rauhen klimatischen, wirtschaftlichen und sozialen Gegebenheiten einer Region und wurden jahrhundertelang von Menschen weitergegeben, für die »Stil« im eigentlichen Sinne aus verschiedenen Gründen bedeutungslos war.

Einige moderne Maltechniken haben eine jüngere Geschichte, wurzeln jedoch ebenso wie die traditionellen Anstriche in dem Wunsch, Materialien zu verändern oder zu imitieren. Diese Techniken werden bei Bühnenbildern angewendet. So werden gemalte Steinblöcke oft zur Imitation von Burgmauern verwendet, und mit Hilfe der Antikisierungstechnik kann

Unten: Das Charleston-Haus der Künstler Vanessa Bell und Duncan Grant in East Sussex stand in den 20er und 30er Jahren der Londoner Bloomsbury-Gruppe offen. Gemeinsam schufen sie eine einzigartige Innenarchitektur, die heute noch ihren Einfluß auf Designer ausübt. Beinahe jede Oberfläche dieses kleinen Schlafzimmers ist bemalt.

man billige Kerzenleuchter in Meisterwerke des Rokoko verwandeln. Die in diesem Buch beschriebene Lederimitation habe ich beispielsweise zur Herstellung eines gotischen Paravents für die Puccini-Produktion *Gianni Schicchi* verwendet. Die begrenzten Budgets und strengen Zeitpläne sind der Grund, daß vom Theater übernommene Techniken kostengünstig sowie einfach sind und schnell trocknen.

Links: Die Minztöne dieses Schlafzimmers in der Provence wurden auf falschen Putz aufgetragen, ähnlich der auf Seite 84 beschriebenen Technik. Aufgrund der fast reinen Pulverpigmente ist der Farbeffekt sehr intensiv. Die einfache, handgemalte Abschlußleiste bewirkt einen harmonischen Übergang zur weißen Decke.

Viele der früher verwendeten Materialien sind nach wie vor erhältlich und werden auch von Fachleuten bei der Restaurierung großer alter Gebäude und antiker Möbel verwendet. Für einfachere Ansprüche bieten moderne Ersatzmittel eine gute Alternative, da sie raschere Ergebnisse liefern, weniger giftig sind und zudem ein breiteres Farbspektrum zur Auswahl bieten. Falls Sie zufällig einen Ballsaal haben, können Sie diesen zur Gänze mit Lapislazuli ausmalen – und das nur zu einem Bruchteil des Preises, den Katharina die Große für die Verwendung des echten Mineralpigments bei der Dekoration ihres Ballsaals im Palast von St. Petersburg zahlte.

Wandanstriche sagen oft mehr aus als die restliche Innenausstattung. Seit Urzeiten, als die Menschen ihre Höhlenwände mit Jagdszenen verzierten, haben Wandmalereien rituelle und symbolische Bedeutung. In Japan wurde der Geist des Tao in Farbe wiedergegeben, und in Indien hat man die Lehren des Buddha in wunderbaren Malereien dargestellt. Farben

Rechts: Fresken des 16. Jahrhunderts im Speisezimmer einer Villa in Perugia in Umbrien. Dieser Anstrich wirkt wie ein drapierter Vorhang und ist somit ein gutes Beispiel für eine Stoffimitation.

und Pigmente galten als heilige Gaben der Erde und wurden oft bei Zeremonien und Festen auf Gebäude, Kleidungsstücke und den menschlichen Körper aufgetragen.

Im Altertum wurden Tempel und öffentliche Gebäude innen und außen mit Farben veredelt. Heute ist kaum noch zu sehen, daß der Parthenon in Athen in strahlendem Blau und Rot mit goldenen und schwarzen Details ausgemalt war. Das Bild von nüchternen klassischen Säulen und Architraven ist nicht immer richtig, was auch die Mysterienvilla in Pompeji zeigt, die mit kalkfesten Farben auf Naßputz in einer Freskentechnik ausgemalt wurde und deren Malereien in der Vulkanasche über 1600 Jahre lang erhalten blieben.

Oben: In diesem Raum mit schönem Keramikofen wurden die Wände mit einer lockeren Pinsellasur gestrichen. Die blassen graugrünen Töne entstammen der skandinavischen Farbpalette (siehe S. 74 und 131).

Inspiration kann man überall finden, von italienischen Fresken des Mittelalters bis zum funktionalen deutschen Bauhaus-Stil des 20. Jahrhunderts. Es lohnt sich daher, in Kunst- und Designbüchern nach Anregungen zu suchen. Bücher über alte Maltechniken können sehr unterhaltsam sein, wenn man feststellt, daß man heutzutage glücklicherweise keinen Käsekleber oder abgekratzte Schafshaut mehr verwenden muß.

Rechts: Dieser in Milchfarben ausgeführte Anstrich in einem deutschen Bauernhaus war seiner Zeit weit voraus. 1750 entworfen, erinnert die Farbzusammenstellung an die Häuser der Shaker (siehe S. 134). Der Anstrich im ganzen Haus wurde seit über 180 Jahren nicht erneuert.

Links: Bei gekonnter Ausführung ist der Antikisierungseffekt auf Holz äußerst reizvoll (siehe S. 128). Hier erzeugt der Anstrich mit skandinavischem Graugrün auf Terrakotta einen authentischen rustikalen Charakter, der mit den Ausstellungsstücken harmoniert.

Historische Referenzen können auch bei der Farbwahl helfen. So ist es sehr interessant, Farben oder Farbkombinationen aus den Werken großer Künstler bei der individuellen Gestaltung des Eigenheims zu verwenden. Vielleicht mögen Sie das Blau aus Giottos Fresken oder die satten, dunklen Farben der reichen Kaufmänner in Holbeins Werken. Es gibt unzählige Möglichkeiten.

Durch einen Anstrich ändert sich nicht nur die Farbe eines Raumes. Wir alle wissen, daß ein Raum in kühlem Blau oder warmem Rot einen starken Einfluß auf die Stimmung der Bewohner ausübt. Wir können jedoch auch mit Hilfe der Farben in andere Länder und andere Klimazonen übersiedeln. Erinnert uns nicht sonnengebleichtes Kobaltblau an die Atmosphäre der Mittelmeerländer? Farben können auch schöne Erinnerungen wecken. Durch Farbwaschtechniken kann ein Effekt erzielt werden, der an das Schillern des Meeres an einem Sommermorgen erinnert. Oder man imitiert mit Hilfe der hier beschriebenen Antikisierungsverfahren die zerfallene Stukkatur eines italienischen Palazzos.

Auch Möbel und andere Objekte lassen sich mit dekorativen Malereien veredeln. Möbeln vom Sperrmüll kann neues Leben eingehaucht werden, und es macht Spaß, neue, zweckmäßige Stücke auf alt zu trimmen. Letzteres mag verrückt klingen, doch die richtige Technik kann aus einem sonst unscheinbaren Objekt ein ungewöhnliches und ganz individuelles Stück machen.

Rechts: Dieser Vorraum mit edlen antiken Möbelstücken ist ein hervorragendes Beispiel für die Steinblock-Technik (siehe S. 94), ein idealer Anstrich für Räume, die imposant wirken sollen.

Der Phantasie sind keine Grenzen gesetzt. Die Struktur- und Antikisierungstechniken machen ebenso Spaß wie das Experimentieren mit einer Vielzahl von Anstrichen. Wenn Sie sie einmal beherrschen, können Sie die Anleitungen auch entsprechend Ihren Anforderungen abändern. Besonders beim Farbenmischen kann man gefahrlos experimentieren. Ist das Ergebnis nicht zufriedenstellend, kann die Wand leicht mit einer anderen Farbe überstrichen werden. Mit ein bißchen Arbeitseinsatz kann beinahe jede noch so schlechte Oberfläche zum Übermalen aufbereitet werden, auch wenn in Extremfällen unter Umständen eine Antikisierungstechnik besser geeignet ist.

Farben sind ein wunderbares Ausdrucksmittel Ihres Charakters, Ihres Heims und der Menschen, die darin leben. Mit diesem Buch als Anleitung verfügen Sie neben einer Vielzahl an traditionellen auch über eine große Menge an modernen Maltechniken, mit denen sich herrliche Projekte in jedem nur erdenklichen Stil verwirklichen lassen. Also, nichts wie los – mit Pinsel, Bürste, Schwamm und Lappen. Malen Sie nach Herzenslust! Nach Beendigung der Arbeit haben Sie ein Werk geschaffen, das mit einem Standardanstrich nie möglich gewesen wäre.

Links: Vergolden: Alt und Neu. Die geschnitzte Holzwand ist bemalt und mit Vergoldungen verziert, die intensive Farbe des Spiegels ist stellenweise abgeschliffen, um den Effekt alter Farbe zu erzielen (siehe S. 180). Ein sehr hübsches Ensemble.

TEIL 1

VORBE-REITUNG

Alles über Materialien, Geräte, Techniken und Vorbehandlung der Oberfläche sowie eine Erläuterung zur Auswahl und Verwendung der Farbrezepte.

Dieser einfache, blattförmige Kerzenhalter erhielt eine Bleilasur (siehe S. 164); die unebene Wand wurde durch eine Grundierung mit beigefügtem Sand strukturiert und zweifarbig gewolkt (siehe S. 52). Die Amphore ist ein sehr schönes Beispiel für natürlich gealterte Farbe auf Terrakotta.

MATERIALIEN

Ein gutes Materialsortiment ist unerläßlich. Die wichtigsten Materialien kennt man rasch und ersetzt sie regelmäßig. Nicht immer muß es das Teuerste sein, billigere Produkte können jedoch ihre Nachteile haben. Den Großteil des Zubehörs bekommt man in jedem Farbenhandel, manchmal lohnt sich aber auch die Suche nach speziellen Materialien (siehe S. 188).

PIGMENTE

Die eigentlichen farbgebenden Stoffe sind die Pigmente, die als Schwebstoffe in Ölen oder Harzen sowie in reiner Pulverform erhältlich sind. Viele Pigmente stammen von wertvollen Steinen oder Mineralien – Lapislazuli ist das Pigment der Farbe Ultramarinblau; weiße und graue Farben haben Pigmente von Kreide und pulverisiertem Marmor. Deshalb sind Pigmente oft teuer. Wenn möglich, sollten qualitativ hochwertige Produkte verwendet werden, da die billigeren oft Verschnittmittel enthalten, so daß für den gleichen Effekt mehr Farbe benötigt wird.

BEIZEN
Hochkonzentrierte Pulverpigmente sollten aufgrund ihrer starken Wirksamkeit sparsam verwendet und zum Holzbeizen mit Wasser gemischt werden. Textilfarben sind ebenfalls konzentrierte Pulverfarben und auch zum Holzbeizen geeignet. Sie werden oft in winzigen Dosen verkauft – ein Zeichen dafür, daß sie äußerst intensiv sind.

KÜNSTLERACRYLFARBEN
Diese Farben auf Wasserbasis sind in Tuben verschiedener Größe oder in Eimern erhältlich. Die Farben sind konzentriert und eignen sich hervorragend zum Mischen mit wasserlöslichen Lasuren und Emulsionen.

KÜNSTLERÖLFARBEN
Sie eignen sich hervorragend für Lasuren auf Ölbasis, Lacke und Eierschalenfarben sowie zum Mischen mit Wachs zur Herstellung von Holzbeize; in Tuben oder Dosen erhältlich. Die Namen der Künstlerfarben sind international standardisiert, so hat beispielsweise Kadmiumrot als Acryl- wie auch als Ölfarbe bei jedem Hersteller den gleichen Ton.

FARBEN

ART	VERWENDUNG	MISCHBAR MIT	ABTÖNUNG MIT	VERDÜNNUNG/ REINIGUNG	TOXIZITÄT
Künstler-acrylfarben	Schnelltrocknende Farben auf Wasserbasis, alleine oder zum Tönen von Farben und Lasuren auf Wasserbasis verwendbar.	Emulsionsfarben, transparenten Acryl-lasuren und Wasser	anderen Künstler-acrylfarben	Wasser	mittel
Künstler-ölfarben	Langsamtrocknende Farbe auf Ölbasis aus Pigmenten und Leinöl, hauptsächlich zum Abtönen von Malfarben und Lasuren auf Ölbasis. Auch zum Färben von Wachs und Polyurethanlack. In Tuben erhältlich.	Eierschalen- oder Glanzfarbe, transparenten Öllasuren und Testbenzin	anderen Künstler-ölfarben	Testbenzin	hoch
Textilfarben	Wasserlösliche Pulverfarbe zur Herstellung von Holzfarbe. Viele blasse sowie einige intensive Farben erhältlich.	Wasser		Wasser	mittel
Pulverpigmente	Fein pulverisiertes, reines Pigment zum Mischen und Abtönen von Farben auf Wasser- oder Ölbasis sowie Beize. Erzeugt sehr intensive Farben. Auch zum Färben von PVA- und Polyurethanlack.	Eierschalenfarbe, transparenten Öllasuren und Testbenzin	anderen Pulver-pigmenten	Wasser	mittel bis hoch*)
Beizen	Spirituslösliche Pulverfarbe zur Herstellung von Holzbeize unter Verwendung von Wasser. Viele intensive Farben sind erhältlich.	Äthylalkohol oder Wasser		Äthylalkohol	hoch

*) Einige Pigmente sind stark toxisch. Beachten Sie stets die Hinweise des Herstellers.

PULVERPIGMENTE
Zum Abtönen von Lasuren und Lacken auf Öl- und Wasserbasis sowie zum Anrühren eigener Farben. Früher waren Pulverpigmente die einzigen Farbmittel. Heute gelten sie immer noch als qualitativ hochwertig und sind in einer Vielzahl von Künstlerfarben erhältlich.

GRUNDIERUNGEN

Die Verwendung der richtigen Grundierungen und Voranstriche ist für den Erfolg jeder Maltechnik entscheidend, da sie die Farbbasis bilden. Nach dem Auswählen des Farbrezepts und der Bestimmung der Malfläche finden Sie im Kapitel »Flächenvorbehandlung« (siehe S. 42–47) die verschiedensten Grundierungen. Die Auswahl erfolgt nach drei Kriterien: zu bearbeitende Fläche, Oberflächenbeschaffenheit und im Rezept empfohlene Farbe. Farben auf Wasserbasis benötigen oft andere Grundierungen und Voranstriche als Farben auf Ölbasis. Bei Fragen zur Verwendung der Farben siehe S. 18–19.

Um schöne Ergebnisse zu erzielen, muß die angegebene Trocknungszeit eingehalten werden. Die meisten Farbengeschäfte führen Grundierungen und Voranstriche, Heimwerkermärkte bieten jedoch eine größere Auswahl und, beim Kauf größerer Mengen, oft auch günstigere Preise.

Eisenoxid- und PVA-Grundierungen sind vielseitig einsetzbar und werden auch vor dem Vergolden oder Beizen von Holz und Putz verwendet.

GRUNDIERUNGEN

ART	VERWENDUNG	VERDÜNNUNG/ REINIGUNG	TOXIZITÄT	INNEN- ODER AUSSENFLÄCHEN
Acrylgrundierung	Zum Versiegeln poröser, ungestrichener Flächen und zum Ausbessern beschädigter Anstriche. Primär vor dem Auftragen einer Malfarbe auf Wasserbasis zu verwenden.	Wasser	mittel	innen
Allzweck-grundierung	Wie Acrylgrundierung. Wenn genaue Bestimmung der Malfläche nicht möglich und vor dem Auftragen einer Malfarbe auf Öl- oder Wasserbasis.	Testbenzin (Terpentin-ersatz)	hoch	innen und außen
Metall-grundierung	Basis für Metallfarben und Korrosionsschutz. Geeignet bei blassen Farben (siehe Eisenoxid-Grundierung). Vor dem Auftragen einer Malfarbe auf Öl- oder Wasserbasis.	Testbenzin	hoch	innen und außen
PVA-Lösung oder Bindemittel	Allzweckbinder zum Mischen mit Wasser oder Emulsionen. Solide Grundierung und Versiegelung von ungestrichenem Putz und anderen porösen Flächen. Vor dem Auftragen einer Malfarbe auf Öl- oder Wasserbasis.	Wasser	mittel	innen
Eisenoxid-Grundierung	Schützt vor Metallkorrosion. Geeignet bei dunklen Farben (siehe Metallgrundierung). Vor dem Auftragen einer Malfarbe auf Öl- oder Wasserbasis.	Testbenzin	hoch	innen und außen
Tiefgrund	Bindet poröse Flächen wie Putz, Holz oder Stein. Vor dem Auftragen einer Malfarbe auf Öl- oder Wasserbasis.	Testbenzin	hoch	innen und außen
Holzgrundierung	Versiegelt Holz. Erhältlich in Weiß für blasse Farben und in Rosa für dunklere Farben. Vor dem Auftragen einer Malfarbe auf Ölbasis.	Testbenzin	hoch	innen und außen

Siehe auch PVA und EVA (S. 23)

VORANSTRICHE

ART	VERWENDUNG	MISCHBAR MIT	ABTÖNUNG MIT	VERDÜNNUNG/ REINIGUNG	TOXIZITÄT	INNEN- ODER AUSSENFLÄCHEN
Acrylgesso	Vor dem Auftragen einer Malfarbe auf Öl- oder Wasserbasis. Seidiger, glatter und solider Untergrund für Putz und Holz. Durch Abschleifen wird die Fläche strukturiert.	Emulsions-farben		Wasser	mittel	innen
Voranstrich auf Ölbasis	Vor dem Auftragen einer Malfarbe auf Ölbasis. Schützt und überdeckt bestehende Anstriche.	Transparenten Lasuren auf Ölbasis	Künstler-ölfarben	Testbenzin	hoch	innen und außen
Voranstrich auf Wasserbasis	Für Malfarbe auf Wasser-basis. Sonst wie Voran-strich auf Ölbasis.	Transparenten Acryllasuren	Künstler-acrylfarben	Wasser	mittel	innen und außen

Siehe auch Acrylgrundierung (links)

ACRYLGESSO
In verschiedenen Farben erhältlich. Erzeugt glatten Untergrund auf Putz und Holz. Gips ist eine traditionelle, perfekte Grundierung.

HOLZ-GRUNDIERUNG
Idealer Untergrund für Ölfarben auf Holz. Erhältlich in Rosa und Weiß.

ALLZWECK-GRUNDIERUNG
Ideale Versiegelung verschiedener, auch kritischer Flächen. Fixer Bestandteil der Malerausstattung.

METALL-GRUNDIERUNG
Korrosionsschutz unter Malfarben auf Öl- oder Wasserbasis. Auch in Grau und Rosa.

EISENOXID-GRUNDIERUNG
Klassische Metallgrundierung. Guter Untergrund zum Vergolden und Bronzieren.

TIEFGRUND
Nützlich für nicht ganz perfekte Wände. Bindet rissige und poröse Flächen.

BINDEMITTEL

Bindemittel sind Medium und Basis der meisten Anstriche. Am häufigsten werden farblose Emulsionen, Eierschalenfarbe, Glanzfarbe und Mineralfarbe verwendet. Zu diesen werden Pigmente und andere Farbstoffe hinzugefügt, und so entstehen viele der im zweiten Teil beschriebenen Farben und Lasuren. Manchmal sind auch Fertigmischungen zu empfehlen, meist wenn dunkle Töne benötigt werden, für die man beim Mischen sehr viel Farbe verbraucht, wenn die Ausgangsbasis weiß ist. Nebenstehende Tabelle zeigt, ob die Farben auf Öl oder Wasser basieren.

TAFELFARBE
Für intensive, opake Metallanstriche.

EIERSCHALENFARBE
Für glatte, halbglänzende Flächen; mit Ölfarben abtönen.

GLANZFARBE
Am besten ist einfache Halbglanzfarbe. Rascher zu verarbeiten als Lackfarbe (*rechts*).

LACKFARBE
Begrenzte Farbauswahl. Moderner Hochglanz-Ersatz für echten Lack (siehe S. 170).

MATTE VINYL-EMULSION
Matter Anstrich mit kreidigem Effekt.

MINERALFARBE
Opaker Außenanstrich. Hier mit feiner Struktur.

SEIDENMATTE VINYLEMULSION
Halbglänzender Anstrich, auch für gewolkte Effekte. Matt und seidenmatt: mit Acrylfarben abzutönen.

MILCHFARBE
Intensiver, opaker Anstrich in Shaker-Farben. Auch als Kaseinfarbe bekannt.

BINDEMITTEL

ART	VERWENDUNG	MISCHBAR MIT	ABTÖNUNG MIT	VERDÜNNUNG/ REINIGUNG	TOXIZITÄT	INNEN- ODER AUSSENFLÄCHEN
AUF ÖLBASIS						
Tafelfarbe	Schwarze, opake, intensive Farbe für Metallanstriche.			Äthylalkohol	hoch	innen
Eierschalenfarbe (geruchsarm)	Glänzender, glatter, nicht poröser, opaker Anstrich für alle Flächen.	Transparenten Öllasuren	Künstlerölfarben oder Pulverpigmenten	Testbenzin	hoch	innen
Glanzfarbe	Glänzender, dauerhafter, opaker Holzanstrich.	Transparenten Öllasuren	Künstlerölfarben	Testbenzin	hoch	außen*)
Lackfarbe	Glänzender, opaker Holzanstrich zum Imitieren chinesischer Lackarbeiten.		Künstlerölfarben		hoch	innen
AUF WASSERBASIS						
Vinylemulsion	**Matt:** gleichmäßiger, opaker Anstrich für alle Flächen. **Seidenmatt:** gleichmäßiger, opaker Anstrich für alle Flächen.	Wasser und transparenten Acryllasuren	Künstleracrylfarben oder Pulverpigmenten	Wasser; Äthylalkohol löst ganz oder teilweise getrocknete Farben.	mittel	innen
Mineralfarbe: glatt oder strukturiert	Intensiver, opaker Basisanstrich für Mauern. Emulsionsfarbe, zur Strukturgebung mit Sand abgerührt.		Künstleracrylfarben	Wasser	mittel	hauptsächlich außen*)
ANDERE BINDEMITTEL						
Milch-/ Kaseinfarbe	Einheitlicher, deckender, opaker Anstrich für alle Flächen.	Milchpulver oder Buttermilch	Pulverpigmenten oder Gouache	Wasser	mittel bis hoch	innen

*) In den Farbrezepten wird die Adaptierung der Bindemittel für Außenanstriche beschrieben.

LASUREN & LÖSUNGSMITTEL

Die meisten Farbrezepte im zweiten Teil des Buches enthalten eine Lasur und ein Lösungsmittel. Lasuren sind transparente Flüssigkeiten, welche die Trocknungszeit verlangsamen und den Anstrich durchscheinend machen. Dies ist besonders nützlich bei speziellen Lasurtechniken sowie bei Anstrichen mit gebrochenen Farben. Sowohl Acryl- (auf Wasserbasis) als auch Öllasuren sind erhältlich. Verdünnungsmittel verlangsamen ebenfalls die Trocknungszeit; einige eignen sich für Öl- andere für Acrylfarben. Das richtige Verdünnungsmittel ist gleichzeitig auch das richtige Reinigungsmittel.

VERDÜNNUNGS- ODER LÖSUNGSMITTEL

ART	VERWENDUNG	MISCHBAR MIT	TOXIZITÄT
Wasser	Reinigt und verdünnt alle Produkte auf Wasserbasis und dispergiert Lasuren auf Wasserbasis für dekorative Effekte.	Transparenten Acryllasuren und Emulsionsfarben oder Acryllack	in Mischungen toxisch
Äthylalkohol	Reinigt und verdünnt viele Produkte auf Ölbasis und dispergiert Lasuren auf Wasserbasis für dekorative Effekte.	Bernsteinschellack oder französischem Emaillack	hoch
Testbenzin (Terpentinersatz)	Reinigt und verdünnt viele Produkte auf Ölbasis.	Transparenten Öllasuren, Eierschalen- oder Glanzfarbe sowie einigen Lacken	hoch

WASSER-AUF-ÖL-TECHNIK
Lösungsmittel sind oft ein wesentlicher Bestandteil des Schlußanstrichs. Der Chagrin-Effekt entsteht durch Aufsprühen von Wasser auf die Öllasur.

ANTIKISIERUNGS-TECHNIK MIT ÄTHYLALKOHOL
Beim Kalken wird Lösungsmittel in einen trockenen Anstrich mit matter, weißer Vinylemulsion gerieben.

DISPERGIEREN DER LASUR MIT ÄTHYLALKOHOL
Der normalerweise für Produkte auf Ölbasis verwendete Äthylalkohol erzeugt bei Lasuren auf Wasserbasis künstlichen Grünspan.

VERSTÄRKUNG DER TRANSPARENZ
Die Waschtechnik veranschaulicht den Effekt einer (hier wasserlöslichen) Lasur auf einem Lasurenmix. Der Basisanstrich scheint teilweise durch.

VERLANGSAMEN DER TROCKNUNGSZEIT
Das »Ziehen« erfordert lange, gleichmäßige Pinselstriche. Wird eine Öllasur zur Mischung gegeben, verlangsamt sich die Trocknungszeit.

LASUREN

ART	VERWENDUNG	MISCHBAR MIT	ABTÖNUNG MIT	VERDÜNNUNG/ REINIGUNG	TOXIZITÄT
Acryllasurmittel, auf Wasserbasis (transparent)	Die Farbe wird durchscheinend und die Trocknungszeit verlangsamt. Zu verwenden mit wasserlöslichen Produkten.	Emulsionsfarben oder Acryllack	Künstleracrylfarben oder Pulverpigmenten	Wasser	mittel
Antikisierende Patina	Zum Antikisieren vieler dekorativer Anstriche, besonders von wasserlöslichem Reißmittel.		Künstleracrylfarben	Wasser	mittel
Leinöl	In Öllasuren (siehe unten). Wird auch als Verdünner und Trocknungsverzögerer von Ölfarben verwendet.	Künstlerölfarben	Künstlerölfarben	Testbenzin	in Mischungen hoch
Lasurmittel, auf Ölbasis (transparent)	Die Farbe wird transparent und die Trocknungszeit verlangsamt. Zu verwenden mit Farben und Lacken auf Ölbasis.	Eierschalenfarbe, Glanzfarbe oder glanzlosem und Polyurethanlack	Künstlerölfarben, Pulverpigmenten oder Universal-Abtönfarben	Testbenzin	hoch

ANTIKISIERENDE PATINA
Erhältlich in Umbra oder Siena für künstlich alte, wasserlösliche Holzanstriche.

ACRYLLASURMITTEL *links*
Für wasserlösliche Anstriche.

ÖLLASURMITTEL
Wird mit Testbenzin verdünnt. Für Anstriche auf Ölbasis.

WACHSE, PULVER & PASTEN

Wachse, Pulver und Pasten sind wichtige Bestandteile vieler Farbrezepte. Gemischt mit Ölfarben, Schlämmkreide oder anderen Komponenten können sie verschiedene Effekte erzeugen. Wachs wird auch oft als Bestandteil von Schutzanstrichen verwendet. Halten Sie sich bei der Auswahl der Lösungsmittel stets an die Tabelle, da speziell einige Pasten nur schwer wieder von Pinseln und anderen Utensilien zu entfernen sind. Die meisten Materialien erhält man in Geschäften für Heimwerker- oder Künstlerbedarf. Sie müssen sorgfältig verschlossen aufbewahrt werden.

WACHSE				
ART	**VERWENDUNG**	**ABTÖNUNG MIT**	**VERDÜNNUNG/ REINIGUNG**	**TOXIZITÄT**
Bienenwachs-Kügelchen	Zum Holzbeizen mit Künstlerölfarben mischen, vorher schmelzen lassen.	Künstlerölfarben, Pulverpigmenten, Schuhpolitur	Testbenzin	hoch
Bienenwachs oder Möbelwachs	Als Schutz für Holz, das mit Antikisierungstechniken behandelt wurde, sowie zum Polieren und Versiegeln von Holz.			hoch
Schwarze Politur	Für Eiseneffekte mit silbernem Metallpulver mischen. Als Alternative wird auch Schuhpolitur (nicht Schuhcreme) verwendet.			hoch
Farbloses Wachs	Für Ledereffekte mit Ölfarbe mischen. Zum Polieren und Versiegeln von Holz.	Künstlerölfarben, Pulverpigmenten, Schuhpolitur	Testbenzin	hoch
Kalkwachs	Für Antikeffekte mit Schlämmkreide mischen. Zum Polieren/Versiegeln von Holz.	wie oben	wie oben	hoch
Weiße Politur	Zum Polieren und Versiegeln von Holz.	wie oben	wie oben	hoch
Weißes Wachs	Zum Polieren und Veredeln von Holz.	wie oben	wie oben	hoch

BIENENWACHS-KÜGELCHEN
Zum Holzbeizen vor dem Mischen mit Künstlerölfarben schmelzen.

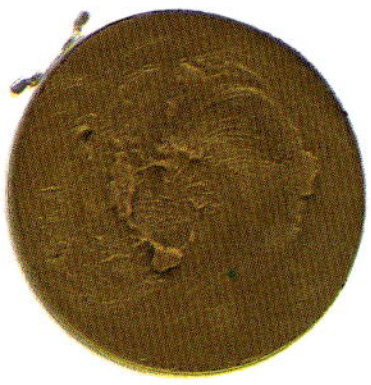

SCHWARZE POLITUR
Zum Beizen oder für Eiseneffekt, mit Metallpulver gemischt.

MÖBELWACHS
Verwendung wie Bienenwachs-Kügelchen (siehe *oben*) oder als Schutz für mit Antikisierungstechniken behandeltes Holz.

KALKWACHS *rechts*
Für kalkähnliche Effekte auf Holz verwendbar. Für Antikeffekte mit Schlämmkreide mischen.

FARBLOSES WACHS *unten*
Für Ledereffekte mit Ölfarben mischen.

WEISSES WACHS *unten*
Satter Effekt auf Holz. Auch mit Ölfarben mischbar.

WEISSE POLITUR *links*
Zum Versiegeln und Abdecken von Holz unter hellen, abgeschliffenen Lasuren.

PULVER				
ART	**VERWENDUNG**	**MISCHBAR MIT**	**ABTÖNUNG MIT**	**TOXIZITÄT**
Schneiderkreide	siehe Schlämmkreide			
Sand	Verleiht dekorativen Anstrichen Struktur. Normalerweise Bestandteil des Basisanstrichs, bei Antikeffekten auch zum Abschleifen. Erhältlich von fein bis grob. Die grobe Form meist für Außenanstriche.	Eierschalenfarben, Emulsionsfarben oder Außenanstrichen	Künstleracrylfarben oder Pulverpigmenten	Mischungen: mittel
Schlämmkreide oder Kreidepulver	Mischbar mit Malfarben, PVA oder Kalkwachs (siehe S. 22); für altes, gewolktes oder staubiges Aussehen dekorativer Anstriche.	Emulsionsfarben, PVA, Kalkwachs oder Wasser	Pulverpigmenten, gemischt auch mit Künstleracrylfarben	Mischungen: mittel

VERWENDUNG VON KALKWACHS
Wachs spielt bei Antikisierungstechniken für einfache Freskenimitationen eine wichtige Rolle. Nach dem Abschleifen der Lasur wird eine Wachsschicht zum Binden der Schlämmkreide aufgetragen.

SAND
Sand verschiedener Feinheitsstufen verleiht Anstrichen zusätzliche Struktur.

SCHLÄMMKREIDE
Verleiht Anstrichen zusätzliche Struktur.

VERWENDUNG VON SCHLÄMMKREIDE
Schlämmkreide, auf fast trockenen Anstrich an einigen Stellen aufgetragen, täuscht das Aussehen verwitterten Bleis vor.

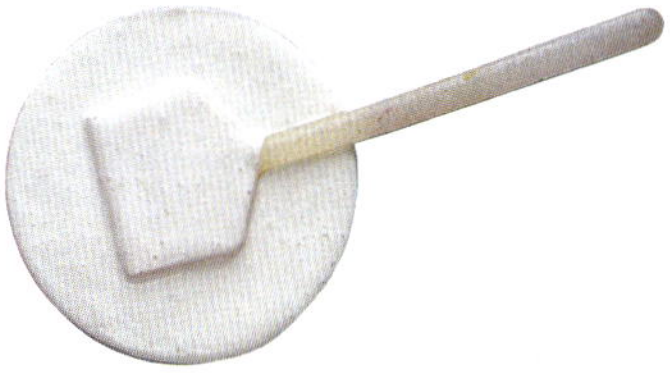

PVA
Zusammen mit Pigmenten zum Abtönen oder Versiegeln von Wand-, Metall- und Holzanstrichen.

PASTEN					
ART	**VERWENDUNG**	**MISCHBAR MIT**	**ABTÖNUNG MIT**	**VERDÜNNUNG/ REINIGUNG**	**TOXIZITÄT**
PVA-(Polyvinylazetat-)Binder oder weißer Binder	Versiegelt poröse und rissige Flächen; für wasserlösliche Farben. Zum Beizen von Putz und Holz mit Pulverpigmenten mischbar.	Emulsionsfarben	Künstleracrylfarben oder Pulverpigmenten	Wasser	mittel
EVA-(Ethylvinylazetat-)Binder	Wasserfeste Version des PVA-Binders (siehe oben).		wie oben	wie oben	mittel

LACKE & VERSIEGELER

Da sie häufig für den Schlußanstrich verwendet werden, sollte man stets einige davon vorrätig haben. Sie schützen nicht nur gegen Abnutzung und Verwitterung, sondern können selbst in die Gestaltung integriert werden – entweder, mit Farben gemischt, für dekorative Antikeffekte oder auch zum Krakelieren (mit Reißlack auf Öl- oder Wasserbasis). Die meisten Lacke und Versiegeler sind stark toxisch und müssen daher sorgfältig gehandhabt werden. Beim Auftragen mehrerer Schichten stets die Trocknungszeiten sowie die anderen Herstellerhinweise beachten.

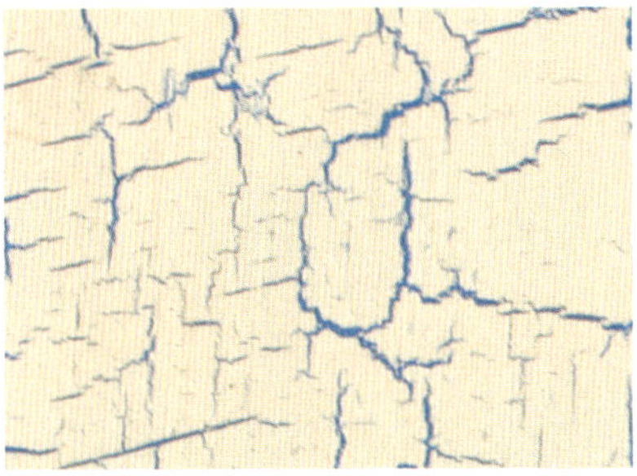

REISSLACK AUF WASSERBASIS
Wird mit wasserlöslicher Emulsion verwendet. Die entstehenden Risse sind kurz und verlaufen in Zickzacklinien.

REISSLACK AUF ÖLBASIS
Wird mit Eierschalenfarbe auf Ölbasis verwendet. Weitläufigere Risse liegen über einem Netz aus feinen Haarrissen.

ACRYLLACK
Auf Wasserbasis, daher ideale Versiegelung wasserlöslicher Anstriche. Trocknet rasch und hält lange. Zur besseren Abstimmung sind matte, seidenmatte oder glänzende Lacke erhältlich.

REISSLACK
Sowohl wasserlösliche (*oben*) als auch Reißlacke auf Ölbasis (*unten*) werden für Antikeffekte auf Holz verwendet. Da die Anwendung von Produkt zu Produkt verschieden ist, Gebrauchsanleitung genau befolgen.

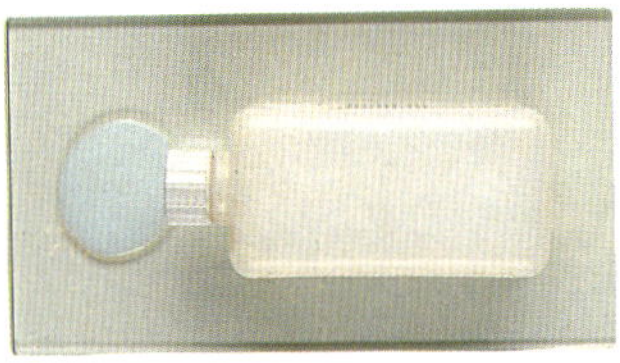

GLANZLOSER LACK
Matte, strapazierfähige Versiegelung von Ölanstrichen.

FRANZÖSISCHER EMAILLACK
Zur dekorativen Versiegelung von Holz und ornamentalen Anstrichen. In vielen Farben erhältlich.

POLYURETHANLACK
Ideal auf Ölfarben; als Versiegelung für Außenflächen geeignet.

SCHELLACK *links*
Zum Versiegeln vergoldeter und bronzierter Flächen.

BOOTSLACK
Sehr strapazierfähig; für wasserlösliche Anstriche oder Ölanstriche.

LACKE UND VERSIEGELER

ART	VERWENDUNG	MISCHBAR MIT	ABTÖNUNG MIT	VERDÜNNUNG/ REINIGUNG	TOXIZITÄT	INNEN- ODER AUSSENFLÄCHEN
Acryllack: matt, seidenmatt oder glänzend	Versiegelt wasserlösliche Anstriche. Trocknet rasch, strapazierfähig.		Künstleracrylfarben, Pulverpigmenten, Universal-Abtönfarben	Wasser	mittel	innen
Reißlack	**auf Wasserbasis:** Wird auf den wasserlöslichen Basisanstrich aufgetragen, bewirkt Rißeffekte.			Wasser	mittel	innen
	auf Ölbasis: Durch Auftragen auf den Öl-Basisanstrich entstehen weitläufigere Risse.			Wasser (ungewöhnlich)	hoch	innen
Glanzloser Lack	Traditionelles Produkt zum Schutz von Anstrichen auf Ölbasis.	Transparenten Lasurmitteln auf Ölbasis	Künstlerölfarben, Pulverpigmenten, Universal-Abtönfarben	Testbenzin	hoch	innen
Französischer Emaillack	Versiegelt und färbt vergoldete Flächen. Auch für Glasmalerei geeignet. In vielen Farben erhältlich.		Spirituslöslichen Holzbeizen	Äthylalkohol	hoch	innen
Öl-Fixativ	Zum Versiegeln von Holz und für Antikeffekte.		Künstlerölfarben oder Pulverpigmenten	Testbenzin	hoch	innen
Polyurethanlack: glänzend, seidenmatt oder matt	Schützt Ölanstriche. Trocknet langsam und ist strapazierfähig. Auch für Lackarbeiten.	Transparenten Lasurmitteln auf Ölbasis	Künstlerölfarben	Testbenzin	hoch	außen
Schellack (Bernstein)	Versiegelt vergoldete und bronzierte Flächen und läßt sie älter wirken.		Künstlerölfarben oder Pulverpigmenten	Testbenzin	hoch	innen
Boots- oder Außenlack: glänzend oder seidenmatt	Zum Schutz von Wasser- und Ölanstrichen. Äußerst strapazierfähig.	Transparenten Lasurmitteln auf Ölbasis	Künstlerölfarben	Testbenzin	hoch	außen

Siehe auch farbloses Wachs (S. 22).

METALLFARBEN

Durch unechtes Blattmetall sowie Metallpulver und -farben, moderne Alternativen zu echtem Gold und wertvollem Blattmetall, wurden Techniken wie das »Vergolden« erschwinglich. Der Einsatz dieser Materialien ist besonders lohnenswert und erzeugt erstaunliche Effekte. Das große Angebot an Farben und Schattierungen bietet unzählige Experimentiermöglichkeiten. Man sollte sich Zeit nehmen, die im zweiten Teil des Buches beschriebenen Antikisierungstechniken zu erlernen, mit deren Hilfe sich harte, metallische Effekte abschwächen und veredeln lassen.

METALLPULVER UND WACHS
Silbernes Metallpulver, gemischt mit schwarzer Politur, schafft das Aussehen dunkler Eisenbeschichtungen.

GOLDFARBE
Hier wurden die für Lapislazuli charakteristischen Pyritkristalle mit Hilfe einer kostengünstigen Goldfarbe erzeugt.

JAPANISCHER LEIM *unten*
Traditioneller, sehr langsam trocknender Leim.

ITALIENISCHER LEIM *oben*
Leim auf Wasserbasis.

LEIME

ART	VERWENDUNG	MISCHBAR MIT	ABTÖNUNG MIT	VERDÜNNUNG/ REINIGUNG	TOXIZITÄT
Italienischer Leim (auf Wasserbasis)	Rasch trocknendes Bindemittel für Metallpulver und Blattmetall. Auch zur Versiegelung einiger dekorativer Anstriche.		Künstleracrylfarben	Wasser	mittel
Japanischer Goldleim (auf Ölbasis)	Langsam trocknendes Bindemittel für Bronze- und Metallpulver und echtes Blattgold.	Transparenten Lasurmitteln auf Ölbasis (zur Verstärkung) oder Ölfarben als Grundierung	Künstlerölfarben und Pulverpigmenten	Testbenzin	hoch

FARBEN, PULVER & BLATTMETALL

ART	VERWENDUNG	ABTÖNUNG MIT	VERDÜNNUNG/ REINIGUNG	TOXIZITÄT
Bronzepulver	Für Anstriche auf allen Flächen mit Öllack mischen oder auf Leim (Öl- oder Wasserbasis) auftragen. In den Tönen Bronze, Gold und Kupfer erhältlich. Kostengünstiger als unechtes Blattmetall und effektvoller als Farbe.	Bernsteinschellack oder französischem Emaillack	Äthylalkohol	hoch
Unechtes Blattmetall: Kupfer, Gold und Aluminium	Für Metalleffekte auf allen Flächen auf Leim (Öl- oder Wasserbasis) auflegen; Aluminium wirkt wie Silber. Preisgünstiger als echtes Blattgold. In ganzen Blättern oder Stücken (Schlagmetall) erhältlich.	wie oben		beim Auftragen hoch
Goldfarbe oder -paste	Für Goldeffekte auf allen Flächen. Einfacher in der Verwendung und preiswerter als unechtes Blattmetall und Bronzepulver, jedoch nicht so effektvoll.	wie oben	Äthylalkohol	hoch
Metallpulver (inkl. Graphit)	Für eine Vielzahl von farbigen Metallanstrichen auf allen Flächen mit Öllack mischen oder auf Leim (Öl- oder Wasserbasis) blasen oder bürsten.	wie oben	Äthylalkohol, wenn mit Lack gemischt	hoch
Silberfarbe	Für Silbereffekte auf allen Flächen. Einfacher in der Verwendung und preiswerter als unechtes Blattmetall, jedoch nicht so effektvoll.	wie oben	Äthylalkohol	hoch

BRONZEPULVER
In Gold, Silber, Kupfer und Bronze erhältlich. Auf Leim auftragen bzw. mit Schellack mischen.

SILBERFARBE
Basis für Eiseneffekte oder Alternative zu Blattmetall.

GOLDFARBE
Rasch aufzutragen, Alternative zum Vergolden (Ölbasis).

GOLDPASTE
Auf Eisenoxidgrundierung auftragen.

GRAPHITPULVER
Zusatz zu Farben und Wachsen für Metallanstriche.

UNECHTES BLATTMETALL
Preisgünstigere, jedoch zufriedenstellende Alternative zu echtem Blattmetall. In vielen Goldtönen sowie in Aluminium (für Silbereffekte) und Kupfer erhältlich. In Blättern (15 cm) oder Stücken (Schlagmetall) erhältlich. Die abgebildeten traditionellen Werkzeuge sind ein Messer zum Schneiden des Blattes sowie ein Polierwerkzeug mit Achatspitze.

METALLPULVER
In vielen Farben erhältlich. Für zahlreiche realistische und frei kreierte Metalleffekte auf fast trockenen Leim blasen oder bürsten oder mit Wachs mischen (siehe S. 26).

PINSEL & BÜRSTEN

Das Geheimnis perfekter Anstriche liegt in der Verwendung der richtigen Utensilien. Minderwertige oder unpassende Werkzeuge erschweren die Arbeit und wirken sich negativ auf das Resultat aus. Für einige Pinsel gibt es preiswerte Alternativen, normalerweise lohnt sich jedoch der Kauf der richtigen Malwerkzeuge, die bei guter Pflege jahrelang halten. Man kann Spezialpinsel und -utensilien vermehrt in Heimwerkermärkten und Geschäften für Malerbedarf finden und oft auch per Versand bestellen (siehe S. 188). Kaufen Sie stets Pinsel und Werkzeuge in der richtigen Größe. Mit zu kleinen oder zu großen Geräten arbeitet man länger als erforderlich, und es wird schwerer, den gewünschten Effekt zu erzielen.

①

②

1 HAUSHALTS-PINSEL
Harte Standardpinsel für Basis- und Voranstriche sowie Lacke auf Ölbasis.

2 FLÄCHEN-STREICHER
Weichere Borsten, daher für Farben und Lasuren auf Wasserbasis geeignet.

3 ABSTAUBER
Zum Abstauben einer Fläche nach dem Abschleifen mit Sandpapier. Auch als Alternative zum teureren Dachshaarvertreiber zu verwenden.

③

⑤

4 TAPETENBÜRSTE
Zum Malen auf grob strukturierten Flächen und als kostengünstige Alternative zur Stupfbürste. Ursprünglich zum Emulgieren von Rauhputz.

④

5 DACHSHAAR-VERTREIBER
Heute oft mit Schweinsborsten. Zum Vertreiben von Lasuren (Öl- und Wasserbasis) auf Wänden und Holz. In verschiedenen Größen erhältlich.

⑥

7 VERTREIBER
Alternative zum Dachshaarvertreiber. Abstauber sind aber noch preisgünstiger.

8 KLEINER VERTREIBER
Siehe Dachshaarvertreiber.

9 FLÄCHENSTREICHER
Borstenpinsel für Lasuren und Lacke auf Ölbasis.

10 STUPFBÜRSTE
Zum Stupfen von Lasurfarben. Teuer.

⑦

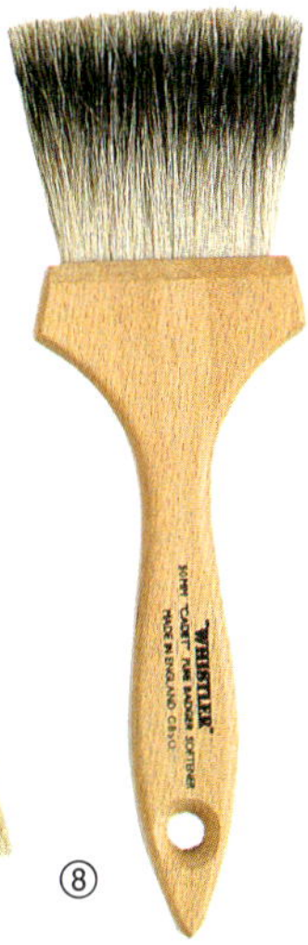

⑧

⑨

⑩

6 SCHLÄGER
Zum »Ziehen« und Erzeugen von Maserungseffekten. Hinterläßt auf allen Lasuren gleichmäßige Spuren.

HOLZMASERWERKZEUGE
Künstliche Holzmaserungen lassen sich mit speziellen Maltechniken herstellen (siehe S. 111), können jedoch auch mit Spezialwerkzeugen erzielt werden.

11 STRUKTURSTEMPEL
Aus Hartgummi mit eingestanztem Muster. Wird zum Herstellen einer Holzmaserung über die Malfläche gerollt.

12 FÄCHERPINSEL
Mit Natur- oder Kunstborsten erhältlich. Für feine Maserungen über die Lasur ziehen.

13 MODLER
Beim zweiten Durchgang erzeugt dieser Pinsel den für manche Hölzer typischen geschwungenen Effekt. Verschiedene Ausführungen zur Imitation verschiedener Hölzer.

14 FEINMASERPINSEL
In verschiedenen Größen erhältlich. Für Mahagoni und Vogelaugenahorn.

15 KAMM
Auf jeder Seite befinden sich unterschiedlich große Zähne. Zur Imitation von Eichen- und Pinienmaserung sowie für andere Muster.

⑬ ⑭

⑪ ⑫ ⑮

PINSEL & BÜRSTEN

①

②

③

④ ⑤

⑥

1 SPALTER
Zum Glätten von Lasuren auf Ölbasis und für den ersten Durchgang beim Erzeugen künstlicher Holzmaserungen. Durch den Modler ersetzbar. In verschiedenen Ausführungen erhältlich.

2 LACKIERPINSEL
Reiner Borstenpinsel, in vielen Größen erhältlich. Zum Auftragen von Lacken und Lasuren.

3 LACKPINSEL
Traditionell für Öllacke. Flexibler Borstenpinsel für glatten, gleichmäßigen Anstrich. Teuer, daher besser für Acryllack aufheben und einfache Haushaltspinsel für Ölprodukte verwenden.

4 STRICHZIEHER
Reiner Borstenpinsel zum Ziehen präziser Linien. Damit die Linien gleichmäßig werden, den Pinsel stark mit Farbe tränken.

5 SCHLEPPER
Zum Ziehen dekorativer, dünner Linien auf Möbeln sowie zum Ädern von Marmorimitationen. Durch Drehen des Pinsels zwischen den Fingern entsteht eine unregelmäßige, durchbrochene Linie. In vielen Größen erhältlich. Sorgfältig lagern.

6 KÜNSTLERPINSEL
In Haar-, Borsten- oder Kunststoffausführung mit flachen oder runden Spitzen. In vielen Größen erhältlich. Für zahlreiche dekorative Zwecke, darunter Freihandmalerei mit Farben auf Öl- und Wasserbasis.

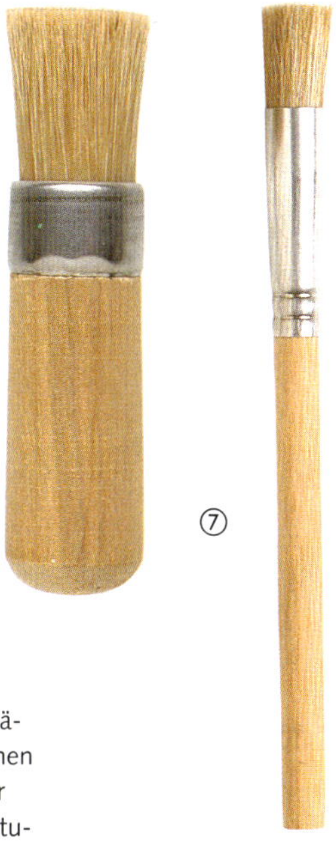

⑦

7 SCHABLONEN-PINSEL
Pinsel mit runden, harten, kurzen Borsten, die geringe Farbmengen für die saubere Herstellung von Schablonenmustern aufnehmen. Mit Natur- oder Kunstborsten in vielen Größen erhältlich. Preiswerte Alternative zur Stupfbürste (siehe S. 29).

8 ALTE PINSEL
Auch alte, beschädigte Pinsel können nützlich sein: Zur Gestaltung strukturierter Oberflächen, für Sprenkeleffekte und zum Vertreiben von Lasuren.

⑧

9 NATURHAAR-PINSEL
Schweinsborstenpinsel für Öl-, aber auch wasserlösliche Farben. Zum Marmorieren, Freihandmalen und Sprenkeln. Pinselkopf und -spitze in verschiedenen Formen erhältlich – rund, spitz, kurz und lang.

⑨

ANDERE UTENSILIEN

Neben Pinseln und Bürsten gibt es noch zahlreiche andere Utensilien, die man für verschiedene Techniken und Effekte benötigt. Die meisten Heimwerkergeschäfte haben die hier abgebildeten Werkzeuge lagernd, und einige davon haben Sie selbst vielleicht bereits irgendwo im Keller; beispielsweise große Plastikgefäße, die gereinigt zum Mischen von Farben verwendet werden können. Mit alten Löffeln oder anderen Küchengeräten kann man Farben anrühren. Alle Utensilien sollten stets sorgfältig gereinigt und trocken aufbewahrt werden. Auf Seite 20 finden Sie eine Tabelle der für die Reinigung jeweils geeigneten Verdünnungs- oder Lösungsmittel. Für wasserlösliche Produkte benötigt man warmes Seifenwasser.

①

1 PLANEN UND VERMESSEN
T-Schiene zum Ziehen präziser Horizontal- und Vertikallinien. Stahllineale mit geraden Kanten für Arbeiten mit Stanley-Messer oder Skalpell. Gespitzte Bleistifte und Pauspapier für Schablonenzeichnungen. Ein durchsichtiges Lineal für kleinere und einen Rollmeter für größere Arbeitsbereiche. Abdeckbänder z. B. zur Befestigung von Schablonen.

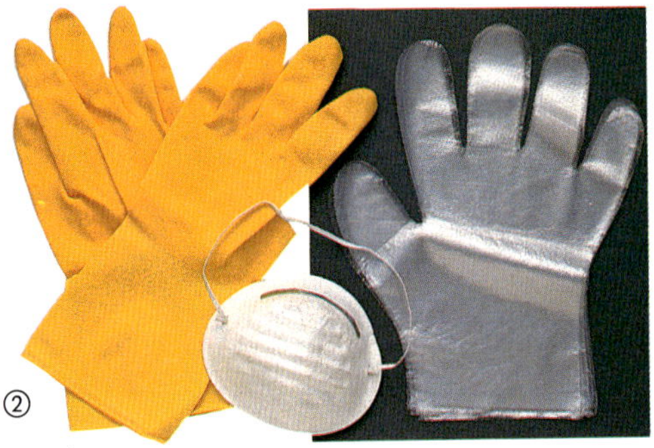

②

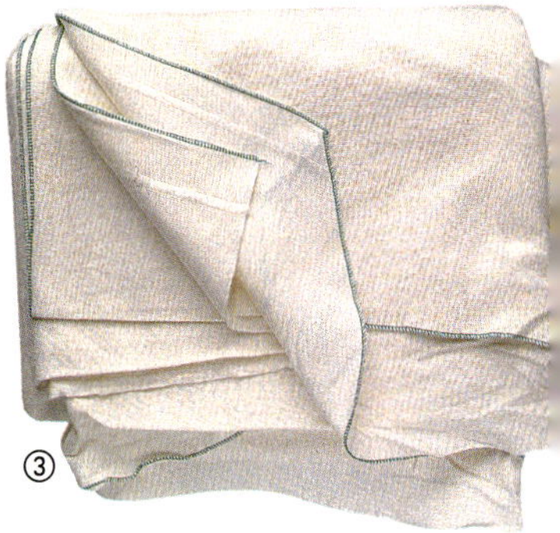

③

④

⑤

⑥

4 DRAHTBÜRSTE
Zum Abschleifen gestrichener Flächen und zum Reinigen von Metallen.

2 SCHUTZMASKEN UND -HANDSCHUHE
Wegwerfhandschuhe als Hautschutz und zum Prüfen der Oberfläche. Gummihandschuhe für Vorbereitungsarbeiten. Schutzmaske für Arbeiten mit Metallpulver.

5 HARTE BÜRSTE
Gutes Werkzeug zum Reinigen von Flächen vor dem Malen.

3 ABDECKTÜCHER
Plastik- und Stofftücher zum Schutz von Böden und Möbeln gegen Farbe und Staub. In vielen Größen erhältlich. Alte Laken erfüllen den gleichen Zweck.

6 SPACHTEL
Zum Entfernen von alter Farbe, Schmutz und Tapeten sowie von Farbspritzern auf Fensterglas.

7 RÜHRWERK-ZEUGE
Alte Löffel, Messer und Holzstücke zum Mischen von Farben und Lasuren.

8 PLASTIK-FARBEIMER
Ideal für wasserlösliche Farben und Lasuren.

9 METALL-FARBEIMER
Für Produkte auf Wasser- als auch auf Ölbasis geeignet.

10 PLASTIK-FARBEIMER MIT DECKEL
Zum Aufbewahren von Farben und Lasuren.

⑦ ⑧ ⑨ ⑩

⑪

11 MESSBECHER
Meßbecher und Meßlöffel sind wichtige Utensilien wie Trichter zum sauberen Ausgießen. In Schalen gibt man Lasuren beim Arbeiten mit Schwämmen oder Lappen.

12 SPITZBOHRER
Als künstlicher »Holzwurm«.

13 STANLEY-MESSER
Für Schablonen und Holzabnutzung.

14 SKALPELL
Ideal für komplizierte Schablonenschnitte.

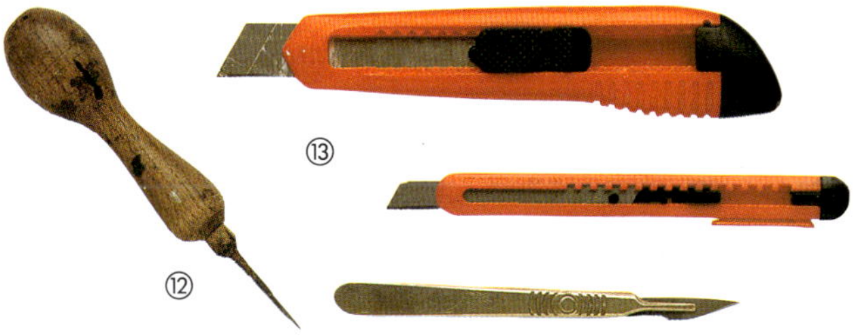

⑫ ⑬ ⑭

⑮ ⑯ ⑰

15 TÜCHER UND LAPPEN
Fusselfreie Tücher (*oben*) zum Auftragen von Wachs und zum Abreiben. Lappen zum Abtupfen und »Wickeln«.

16 SCHWÄMME
Am besten sind Meeresschwämme.

17 SCHLEIFMITTEL
Sand- bzw. Schleifpapier sowie Stahlwolle für Antikeffekte.

MALTECHNIKEN

In den Anleitungen von Teil 2 verweisen wir auf bestimmte Maltechniken, deren Beherrschung nützlich ist, da man mit ihnen auf eigene Faust experimentieren und selbst neue Möglichkeiten entwickeln kann, sobald die Handhabung klar ist. Viele Techniken lassen sich auf die zu bearbeitende Fläche abstimmen, die Verwendung der richtigen Materialien ist jedoch empfehlenswert (siehe S. 28–33). Für ein gutes Gelingen sollte man die Farbrezepte Schritt für Schritt befolgen und auch die Hinweise dieses Abschnitts lesen.

DECKENDER ANSTRICH

GLEICHMÄSSIG UND UNGLEICHMÄSSIG DECKENDER ANSTRICH

Gleichmäßig deckender Anstrich
Auf einer Fläche von ca. 1m² Farbe mit horizontalen Pinselstrichen auftragen. Den Vorgang mit vertikalen Pinselstrichen wiederholen, um eine gleichmäßige Oberfläche zu schaffen.

Ungleichmäßig deckender Anstrich
Farbe mit diagonalen Pinselstrichen ungleichmäßig auftragen. Pinsel fester halten, damit er ausladender streicht. Ergebnis: Der Untergrund bleibt an manchen Stellen sichtbar.

BESEITIGEN VON PINSELSPUREN

DACHSHAAR-VERTREIBER
TROCKENER PINSEL

Mit einem Dachshaarvertreiber
Pinsel locker halten, so daß die Haare hin und her schwingen können. Nur die Spitzen über die Fläche gleiten lassen. Lasur nicht verschleppen. Pinselspuren verschwinden nicht komplett.

Mit einem trockenen Pinsel
Pinsel fest halten und Borstenspitzen rasch über die Lasur streifen lassen. Mit dieser Methode werden Pinselspuren gänzlich beseitigt, wo immer es gewünscht wird.

STUPFEN

Stupfen
Mit den Spitzen der Stupfbürste leicht auf die Malfläche klopfen, um kleine Farb- oder Lasurflecken abzunehmen. An Stelle der teuren Stupfbürsten eignen sich auch Schablonenpinsel. Je nach Intensität des gewünschten Effekts leichter oder stärker »stupfen«.

Ebenso wie mit einem trockenen Pinsel kann man damit gleichmäßige Flächen ohne Pinselspuren schaffen, was für Paneele ideal ist. Das Stupfen kann aber auch als eigenständige Maltechnik eingesetzt werden.

FARBEFFEKTE

TUPFEN MIT SCHWÄMMEN

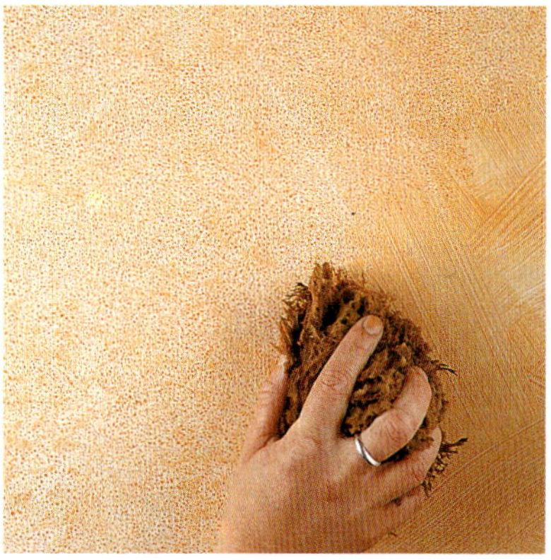

An- und Abtupfen mit Schwämmen
Zum Abtupfen der Lasur von der Malfläche (*rechts*) einen feuchten, sauberen Schwamm verwenden. Umgekehrt kann Farbe aufgetupft werden (*links*). Die Wirkung läßt sich durch verschiedene Schwammgrößen, -formen und -strukturen bzw. unterschiedliche Druckausübung variieren.

ZUGTECHNIK

Mit einem Schläger
Beachten Sie die Handhaltung: So lassen sich gleichmäßige, lange Spuren ziehen. Der Pinsel darf keine abstehenden Borsten haben und muß senkrecht gehalten werden.

Mit Stahlwolle
Diese Technik ist einfacher. Es wird jedoch mehr Lasur abgenommen, daher kommt der Effekt nicht so deutlich zur Geltung. Feine Stahlwolle eignet sich besser.

WICKELN

Auftragendes und abtragendes Wickeln
Durch Rollen eines feuchten, sauberen Lappens wird Lasur von der Malfläche abgenommen (*rechts*) oder aufgetragen (*links*). Durch Variieren der Wickelstärke lassen sich unterschiedliche Effekte erzielen, z. B. ein scharfkantiges Muster (*links*). Oben sieht man, wie der Lappen ausgerichtet wird.

SPRENKELN

Mit einer Zahnbürste
Die Borsten einer Zahnbürste in Farbe tauchen und mit dem Finger zurückbiegen. Dabei einen Abstand von ca. 13 cm halten.

Mit einem Naturhaarpinsel
Für größere Punkte ca. 20–25 cm Abstand halten oder (wie *oben*) mit dem Holzstab gegen den Pinsel schlagen.

TROCKENBÜRSTEN SCHLAGEN

Trockenbürsten
Das richtige Anfassen des Pinsels, auf dem nur wenig Farbe ist, erlaubt optimale Führung. Der Verlauf der Pinselspuren ist unregelmäßig.

Schlagen
Zum Auflockern von Maserungen die Malfläche mit einem Schläger leicht abklopfen, so daß kleine Unregelmäßigkeiten entstehen.

KAMMTECHNIK

Senkrechter Kammzug
Zum Ziehen gleichmäßiger Linien braucht man eine ruhige Hand. Den Kamm genau ausrichten und nach jedem Zug abwischen.

Moiré
Den Gummikamm gleichmäßig zuerst waagrecht, dann von oben nach unten in Wellenlinien über die nasse Lasur ziehen.

MASERIEREN

Vertikal Ziehen
Erster Arbeitsgang beim Maserieren: Die Lasur mit leichten Pinselstrichen gleichmäßig, mit geringem Druck hinunterstreichen (siehe S. 35).

Ziehen von Bögen
Zweiter Arbeitsgang: Ausgehend vom Zentrum den Modler in immer größeren Bögen führen und die Bögen überlappen lassen.

PINSELPFLEGE

PINSEL

Pinselreinigung
Bei Produkten auf Ölbasis soviel Testbenzin in zwei Gefäße gießen, daß die Borsten bedeckt sind. Gummihandschuhe überziehen, den Pinsel eintauchen und die Farbe mit den Fingern lösen. Im zweiten Gefäß auswaschen. Dann in warmem Seifenwasser waschen, sorgfältig abschwemmen und ausdrücken. Pinsel zwischen den Handflächen reiben und noch in feuchtem Zustand in die ursprüngliche Form biegen. Bei wasserlöslicher Farbe unter fließendem Wasser abschwemmen, in Seifenwasser waschen und ausschwemmen, danach reiben und zurechtbiegen. Pinsel zum Trocknen aufhängen.

PRAKTISCHE HINWEISE

Dieser Nachschlageteil gibt Antwort auf viele Fragen, die auftauchen, wenn man nach den im Teil 2 vorgestellten Farbrezepten arbeitet, und sollte ebenso wie die Anleitung zur gewählten Technik vorher genau gelesen werden. Es ist auch wichtig, den zeitlichen Ablauf genau zu planen, um schöne und höchst individuelle Maleffekte zu erzielen.

WAHL EINES ANSTRICHS

Speziell bei größeren Projekten wie dem Ausmalen eines Zimmers oder der Behandlung eines großen Möbelstückes sollte man die Arbeit nicht überstürzen. Jeder Anstrich bedeutet eine Investition an Zeit, Geld und Mühe – und mit den Folgen muß man meist eine Zeitlang leben. Überdenken Sie daher alles genau, bevor Sie beginnen, und widmen Sie sich vor dem Einschlafen diesem Buch. Wenn die Ideen dann Gestalt annehmen, überprüfen Sie sie anhand folgender Kriterien.

- Eignet sich der Anstrich für die Fläche, auf die ich ihn auftragen will? Überprüfen Sie die Farbcodes am Anfang der Anleitung und auf Seite 41.
- Ist der Zustand der Fläche geeignet? Am Beginn jeder Anleitung finden Sie dazu entsprechende Hinweise.
- Verfügt der Anstrich über ausreichende Widerstandsfähigkeit?

Jetzt sollten die verbleibenden Möglichkeiten noch einem Test unterzogen werden. Ein $1 m^2$ großes Stück Sperrholz oder Karton eignet sich nach entsprechender Grundierung als Testmodell für die meisten Flächen. Überprüfen Sie das Ergebnis sorgfältig sowohl bei natürlichem als auch bei künstlichem Licht. Die Kosten von ein paar Tuben Farben sind nichts im Vergleich zu den Kosten eines Fehlers.

PLANUNG

Nach der Wahl des Rezepts muß man sämtliche Utensilien und Malfarben für die geplante Arbeit herrichten. Die Tabelle auf Seite 40 gibt Aufschluß über die erforderlichen Farbmengen; Hinweise zur Vorbereitung – Grundierung, Voranstrich und benötigte Materialien – finden Sie auf den Seiten 42–47.

Beachten Sie stets die in der Anleitung angegebene Trocknungszeit und planen Sie Ihren Arbeitsablauf danach. Man sollte auch die Herstellerhinweise nicht außer acht lassen, da die Trocknungszeiten von Produkt zu Produkt variieren können. Handelt es sich um ein arbeitsaufwendiges Rezept, sollte man rechtzeitig beginnen. Jeder Anstrich wird uneinheitlich, wenn er nicht am selben Tag fertiggestellt wird. Will man am nächsten Tag an einer Fläche weiterarbeiten, sollte man bei Farben auf Ölbasis die Trocknungszeit von 24 Stunden bedenken. Vorsicht: Bei feuchtem Wetter verlängern sich die Trocknungszeiten.

MISCHEN

Bei Befolgung des Farbrezepts erzielt man beim Mischen ein gutes Ergebnis bei minimalem Farbverbrauch. Um Streifenbildung zu vermeiden, sollte die Farbe gut verrührt werden.

Das Grundprinzip für Basisanstriche und deren Abwandlungen ist ganz einfach. Zum Medium (Malfarbe auf Öl- oder Wasserbasis) werden die Farbstoffe hinzugefügt (Acrylfarbe oder Pulverpigment für wasserlösliche Farben sowie Ölfarbe oder Pulverpigment für Farben auf Ölbasis).

Lasuren sind durchscheinender und nehmen oft eine längere Arbeitszeit in Anspruch, daher wird vor den Farbstoffen ein Lasurmittel (auf Öl- oder Wasserbasis) und am Schluß ein Verdünner hinzugefügt (Wasser für wasserlösliche Farben und Testbenzin für Farben auf Ölbasis). Den Verdünner immer als letzten Bestandteil dazumischen – es ist einfacher und sparsamer, mehr Verdünner dazuzugeben als zu dünnflüssige Mischungen nachträglich zu verdicken.

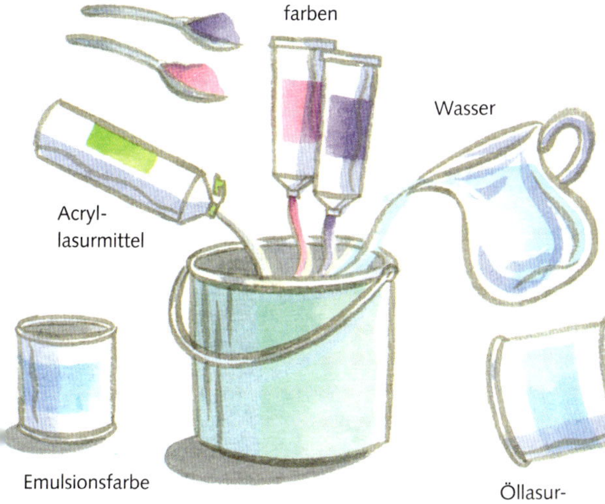

STANDARDLASUR AUF WASSERBASIS Richtige Reihenfolge beim Mischen von Lasur: im Uhrzeigersinn. Wichtig sind das Acryllasurmittel und Wasser für wasserlösliche Lasuren. Als Farbstoffe dienen Acrylfarben und Pulverpigmente, bei denen die Menge in gestrichenen Meßlöffeln angegeben ist.

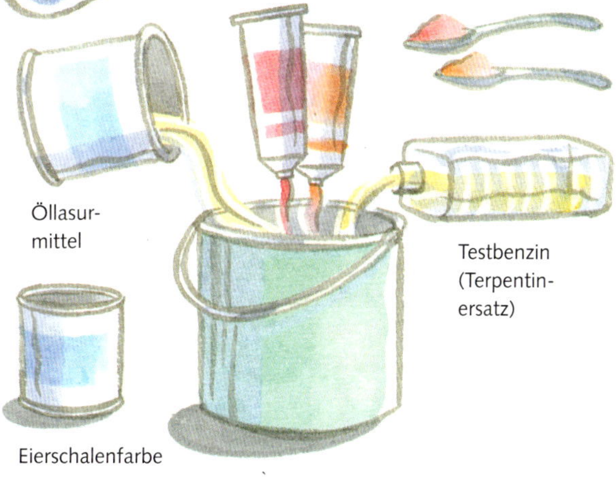

STANDARDLASUR AUF ÖLBASIS Richtige Reihenfolge beim Mischen von Lasur: im Uhrzeigersinn. Wichtig sind das Lasurmittel auf Ölbasis sowie das Testbenzin (oder Lösungsmittel). Als Farbstoffe dienen Ölfarben oder Pulverpigmente. Die Menge der Pulverpigmente wird in gestrichenen Meßlöffeln angegeben.

TESTEN

Farbe und Konsistenz der Mischung sollten vor dem Auftragen immer überprüft werden. In diesem Stadium ist es leicht, eine Schattierung oder Mischung zu verändern. Alte Holzstücke oder dicker Karton sind ideale Testobjekte. Um die Wirkung einer Lasur präzise zu testen, trägt man eine Schicht der entsprechenden Grundfarbe sowie alle geplanten Zwischenanstriche auf. Beim Testen von Holzbeizen verwendet man nach Möglichkeit ein Holzstück ähnlicher Farbe.

ÄNDERN / KORRIGIEREN

Beachtet man die Mischanleitungen, ist es nicht schwer, Farbmischungen zu korrigieren. Die Farben werden langsam hinzugefügt, und die Wirkung wird laufend überprüft. Bei dunklen Farbtönen sowie Pigmentfarben sollte man besonders vorsichtig sein, sonst benötigt man zum Korrigieren zusätzlich weiße Farbe. Man sollte eher Umbra oder Grau einrühren statt Schwarz oder Weiß: Grau schafft eine zarte Abtönung, und Umbra macht harte, kalte Farben weicher.

Wenn sich beim Testen eine Lasur nicht gut streichen läßt oder nicht die charakteristische Transparenz aufweist, fügt man nach und nach noch mehr Lasurmittel hinzu.

Nach dem Auftragen Fehler zu korrigieren ist immer schwerer. Farben und Lasuren auf Ölbasis trocknen langsam und können mit einem fusselfreien, in Testbenzin getauchten Tuch abgewischt werden. Dabei immer Handschuhe tragen und auf den Untergrund achten. Bei Farben und Lasuren auf Wasserbasis muß man mit einem nassen Schwamm rasch eingreifen und manchmal einen neuen Basisanstrich auftragen.

MENGENANGABEN

ART	FLÄCHE PRO LITER*) in m^2	ART	FLÄCHE PRO LITER*) in m^2
GRUNDIERUNGEN		**FERTIGMISCHUNGEN**	
Acrylgrundierung	15	Eierschalenfarbe	16
Allzweckgrundierung	15	matte und glänzende Emulsionsfarbe	9–15
Metallgrundierung	10	Glanzfarbe	12–15
PVA-Lösung oder Bindemittel	12–15	Lackfarbe	10–12
Eisenoxid-Grundierung	10–12	Mineralfarbe	3–6
Tiefgrund	12–15	Milch-/Kaseinfarbe	10–12
Holzgrundierung	12–15		
VORANSTRICHE			
Acrylgesso	10–12		
Voranstrich auf Ölbasis	10–12		
Voranstrich auf Wasserbasis	15–18		

*) Diese Durchschnittswerte beziehen sich auf Angaben der Hersteller. Die tatsächliche Farbmenge ergibt sich aus der Technik und der zu bearbeitenden Fläche. Die hinzugefügten Farbstoffe, Lasurmittel und Verdünner bewirken keinen wesentlichen Unterschied.

AUFBEWAHRUNG

Es lohnt sich – für kleine Nachbesserungen oder für die genaue Abstimmung späterer Farbmischungen –, alle Farbreste aufzuheben. Farben auf Ölbasis sind kurzlebig und nur einen Monat haltbar; man sollte sie in verschraubbaren Gläsern oder alten Dosen mit gut schließendem Deckel aufbewahren – niemals in Kunststoffbehältern. Wasserlösliche Farben können auch in Kunststoffbehältern gelagert werden. Es ist ratsam, jeden Behälter mit einem Aufkleber mit Inhalt, Datum und Verwendung zu versehen. Bleibt noch anzumerken, daß Farbdosen und -gläser nur aufrecht gelagert werden sollten.

SICHERHEITSHINWEISE

- Stets die Hinweise des Herstellers beachten.
- Alle Produkte und Mischungen mit Sorgfalt behandeln, um das Einatmen, Berühren oder Schlucken giftiger Stoffe zu vermeiden.
- Beim Umgang mit folgenden stark toxischen Farben, egal ob als Pulver, in Öl- oder in wasserlöslicher Form, ist äußerste Vorsicht geboten: Alizarinkarmesin, Coelinblau, Kobaltgrün, Kobaltviolett, Elfenbeinschwarz, Marsschwarz, Preußischblau und Ultramarinblau.
- In gut belüfteten Räumen arbeiten.
- Kleine Kinder und Haustiere vom Arbeitsbereich fernhalten.
- Bei der Arbeit niemals essen, trinken oder rauchen.
- Nach Möglichkeit während des Trocknens von Anstrichen Fenster öffnen.
- Alle Produkte außerhalb der Reichweite von Kindern und Haustieren aufbewahren.
- Lasuren auf Ölbasis sind brennbar – daher vorsichtig entsorgen.

BEDEUTUNG DER FARBCODES

Die meisten Farbrezepte sind für viele verschiedene Flächen verwendbar. Die einzelnen Oberflächen wurden mit einem Farbcode versehen (siehe unten), der Ihnen am Beginn jedes Rezepts Auskunft gibt, für welche Flächen der Anstrich geeignet ist. Hinweise zur Vorbehandlung der Fläche und zur Bestimmung der richtigen Grundierung sind im folgenden Kapitel (S. 42–47) zu finden.

Zum Beispiel: Die Waschtechnik (siehe S. 52) kann man auf Mauerwerk, Holz, Putz und Kunststoff anwenden.

WÄNDE	Geeignet für Ziegel- und Putzwände (siehe S. 42)
HOLZ & HOLZVERBINDUNGEN	Geeignet für Holz, Span- und Faserplatten sowie Sperrholz (siehe S. 43)
STEIN	Geeignet für Granit, Marmor, Sandstein und Schiefer (siehe S. 44)
METALL	Geeignet für alle Metalle (siehe S. 45)
PUTZ & ANDERE PORÖSE FLÄCHEN	Geeignet für Zement, Beton, Stuck und Terrakotta (siehe S. 46)
KUNSTSTOFFE & VERWANDTES	Geeignet für Kunststoffe, Glasfiber und Kunststoffolien (siehe S. 47)

FLÄCHENVORBEHANDLUNG

WÄNDE

MALFLÄCHE	REINIGUNG	REPARATUR	GRUNDIERUNG*)	VORANSTRICH*)
ZIEGEL				
Ungestrichen oder gestrichen: Emulsion oder Glanzfarbe	Mit Wasser abspritzen und mit einer harten Bürste abreiben. Restfarben mit einem Küchenreinigungsmittel abwaschen. Gestrichen: Mit Sandpapier abschleifen.	Verstrich bei Bedarf ersetzen. Kleine Löcher mit Spachtelmasse ausbessern.	**Auf Wasserbasis:** Eine Acrylgrundierung auftragen und 2 Stunden trocknen lassen. **Auf Ölbasis:** Eine Allzweckgrundierung auftragen und 16 Stunden trocknen lassen.	**Auf Wasserbasis:** Nicht erforderlich. **Auf Ölbasis:** Einen Voranstrich auftragen und 16 Stunden trocknen lassen.
PUTZ				
Ungestrichen: alt oder neu	Mit einer weichen Bürste abreiben.	Löcher und Risse mit Spachtelmasse ausbessern. Untertapete anbringen, außer wenn strukturierter Effekt geplant ist.	**Auf Wasserbasis:** Neuer Putz: Anstrich mit PVA-Lösung auftragen, 1 Stunde trocknen lassen. Neuer und alter Putz: Acrylgrundierung auftragen, 2 Stunden trocknen lassen. **Auf Ölbasis:** Neuer Putz: Anstrich mit PVA-Lösung *oder* Bindemittel auftragen, 1 Stunde trocknen lassen. Alter Putz: Allzweckgrundierung auftragen, 16 Stunden trocknen lassen.	**Auf Wasserbasis:** Nicht erforderlich. **Auf Ölbasis:** Einen Voranstrich auf Ölbasis auftragen und 16 Stunden trocknen lassen.
Gestrichen: Emulsion oder Glanzfarbe	Mit einer Lösung aus Schmierseife *oder* Reinigungsmittel waschen und trocknen lassen.	Wie ungestrichener Putz.	**Auf Wasserbasis:** Wie ungestrichener, alter Putz. **Auf Ölbasis:** Wie ungestrichener, alter Putz. Bei instabilen Flächen einen Tiefgrundanstrich auftragen.	**Auf Wasserbasis:** Nicht erforderlich. **Auf Ölbasis:** Wie ungestrichener Putz.
Tapeziert: in gutem oder schlechtem Zustand	Bei gutem Zustand: Mit feuchtem Tuch abwischen. Bei schlechtem Zustand: Mit einer harten Bürste und heißem Wasser Tapete gut durchnässen und mit einer Spachtel schräg über die Wand verlaufend abkratzen.	Bei gutem Zustand: Lose Enden mit Kleister befestigen. Bei intensiven Farben oder Metallfarben einen Versiegeler zur Lösung geben (3 Teile Versiegeler/ 1 Teil Äthylalkohol). Bei schlechtem Zustand: Tapete entfernen.	**Auf Wasserbasis:** Wie alter, ungestrichener Putz. **Auf Ölbasis:** Ein ungewöhnlicher Rat: Eine Acrylgrundierung auftragen und 2 Stunden trocknen lassen.	**Auf Wasserbasis:** Nicht erforderlich. **Auf Ölbasis:** Wie ungestrichener Putz.
Kunststoffbeschichtet: gestrichen oder ungestrichen	Gut durchnässen und mit Drahtbürste und Spachtel entfernen. Für hartnäckige Stellen ein professionelles Gerät ausleihen.	Für weitere Schritte wie neuen, ungestrichenen Putz behandeln.		

*) Grundierungen und Voranstriche auf Wasserbasis für wasserlösliche Endanstriche und auf Ölbasis für Ölanstriche.

HOLZ UND HOLZVERBINDUNGEN

MALFLÄCHE	REINIGUNG	REPARATUR	GRUNDIERUNG*)	VORANSTRICH*)
HOLZ				
Unversiegelt: alt oder neu	Mit sauberem Tuch abreiben und mit feinem Sandpapier abschleifen.	Zum Streichen: Damit das Holz nicht austrocknet, zuerst versiegeln. Löcher mit Holzkitt ausbessern und mit Sandpapier abschleifen.	**Auf Wasserbasis:** Bei Farbanstrichen: Acrylgrundierung auftragen. Kein Farbanstrich: Eine Schicht klaren Acryllack *oder* Wachs auftragen. **Auf Ölbasis:** Nicht erforderlich.	**Auf Wasserbasis:** Nicht erforderlich. **Auf Ölbasis:** Voranstrich auftragen und 16 Stunden trocknen lassen.
Gestrichen: Emulsion oder Glanzfarbe	Mit Schmierseife *oder* Reinigungsmittel abwaschen und trocknen lassen. Glanzfarbe: Mit Naßschleifpapier und Wasser abschleifen.	Große Löcher mit Holzmasse ausbessern und mit feinem Sandpapier abschleifen. Falls erforderlich, Fensterkitt erneuern.	**Auf Wasserbasis:** Acrylgrundierung auf ungestrichene Stellen auftragen und 2 Stunden trocknen lassen. **Auf Ölbasis:** Auf ungestrichene Stellen Holzgrundierung auftragen, 6 Stunden trocknen lassen.	**Auf Wasserbasis:** Acrylgrundierung auftragen und 2 Stunden trocknen lassen. **Auf Ölbasis:** Wie unversiegeltes Holz.
Versiegelt	Mit halbgrobem Sandpapier abschleifen.	Risse mit Holzmasse ausbessern.	Für weitere Schritte wie lackiertes Holz behandeln.	
Lackiert	Mit einer harten Bürste gut reinigen. Lack mit einer Spachtel abkratzen. Für hartnäckige Reste Abbeizgel *oder* -paste verwenden.	Wie gestrichenes Holz.	**Auf Wasserbasis:** Wie unversiegeltes Holz. **Auf Ölbasis:** Nicht erforderlich.	**Auf Wasserbasis:** Wie gestrichenes Holz. **Auf Ölbasis:** Wie unversiegeltes Holz.
SPAN-PLATTEN	Mit einer weichen Bürste abreiben.	Große Löcher mit Spachtelmasse ausbessern.	**Auf Wasser- und Ölbasis:** Einen Tiefgrundanstrich auftragen und 16 Stunden trocknen lassen.	**Auf Wasserbasis:** Wie gestrichenes, **auf Ölbasis:** Wie unversiegeltes Holz.
FASER-PLATTEN UND SPERRHOLZ:	Mit einer weichen Bürste abreiben und mit feinem Sandpapier abschleifen.	Faserplatten: Wie Spanplatten. Sperrholz: Wie unversiegeltes Holz.	**Auf Wasserbasis:** Acrylgrundierung auftragen, 2 Stunden trocknen lassen. **Auf Ölbasis:** Holzgrundierung auftragen, 6 Stunden trocknen lassen.	**Auf Wasserbasis:** Nicht erforderlich. **Auf Ölbasis:** Wie unversiegeltes Holz.

*) Grundierungen und Voranstriche auf Wasserbasis für wasserlösliche Endanstriche und auf Ölbasis für Ölanstriche.

WICHTIG: Bei einigen Holztechniken – z. B. Antikisieren, Beizen, teilweises Abschleifen der Lasur und Waschtechnik – ist der Effekt vom Durchscheinen der Holzmaserung abhängig. In diesen Fällen weder Grundierung noch Voranstrich verwenden.

STEIN

MALFLÄCHE	REINIGUNG	REPARATUR	GRUNDIERUNG*)	VORANSTRICH*)
GRANIT, MARMOR, SANDSTEIN UND SCHIEFER	Mit Schmierseife abwaschen und trocknen lassen. Mit einer harten Bürste gut reinigen. Im Freien gefundene Steine mit einer Bleichmittellösung abwischen, um Mikroorganismen zu beseitigen.	Risse und Löcher mit Spachtelmasse ausbessern.	**Auf Wasserbasis:** Tiefgrundanstrich auftragen, 16 Stunden trocknen lassen, darüber eine Acrylgrundierung (2 Stunden trocknen lassen). **Auf Ölbasis:** Tiefgrundanstrich auftragen und 16 Stunden trocknen lassen.	**Auf Wasserbasis:** Nicht erforderlich. **Auf Ölbasis:** Einen Voranstrich auf Ölbasis auftragen und 16 Stunden trocknen lassen.

*) Grundierungen und Voranstriche auf Wasserbasis für wasserlösliche Endanstriche und auf Ölbasis für Ölanstriche.

Vor dem Auftragen der Schablonenmalerei wurden diese Steinplatten mit PVA-Bindemittel anstatt mit Tiefgrund versiegelt, damit die ursprüngliche Steinfarbe erhalten bleibt.

Dieses Steinobjekt hat sich auf wundersame Weise in Bronze verwandelt. Es wurde zuerst mit einem PVA-Binder versiegelt und danach vor dem Auftragen der Tafelfarbe mit einer Grundierung auf Ölbasis versehen. Der Schlußanstrich enthält Bronzepulver, bernsteinfarbene Emailfarbe und seidenmatten Polyurethanlack.

Dieser Steinkopf im gotischen Stil ist verwittert und mußte vor dem Auftragen der Grundierung von Flechten und Moos befreit werden.

METALL			
MALFLÄCHE	**REINIGUNG**	**GRUNDIERUNG*)**	**VORANSTRICH*)**
UNBEHANDELT	Rostflecken mit Stahlwolle sowie Schleifpapier und Wasser entfernen und trocknen lassen.	**Wasser- und Ölbasis:** Eine Rostschutzschicht auftragen und 1 Stunde trocknen lassen, darüber eine Eisenoxid-Grundierung (16 Stunden trocknen lassen).	**Wasserbasis:** Acrylgrundierung auftragen und 2 Stunden trocknen lassen. **Ölbasis:** Voranstrich auf Ölbasis auftragen, 16 Stunden trocknen lassen.
ROSTIG	Leichte Ablagerungen mit Stahlwolle oder Schleifpapier und Testbenzin entfernen und trocknen lassen. Starken Rost mit einer Drahtbürste und danach mit Schleifpapier abschleifen.	**Wasser- und Ölbasis:** Rostschutzschicht auftragen und 1 Stunde trocknen lassen, darüber eine Metall- *oder* Eisenoxid-Grundierung (12 bzw. 16 Stunden trocknen lassen).	**Wasser- und Ölbasis:** Wie unbehandeltes Metall.
GESTRICHEN ODER LACKIERT	Guter Zustand: Mit Schmierseife waschen und trocknen lassen. Schlechter Zustand: Farbe mit Abbeizmittel entfernen.	**Wasser- und Ölbasis:** Eine Metallgrundierung auftragen und 12 Stunden trocknen lassen.	**Wasser- und Ölbasis:** Wie unbehandeltes Metall.
KUNSTSTOFF-BESCHICHTET	Guter Zustand: Mit Schmierseife waschen und trocknen lassen. Mit Schleifpapier abschleifen. Schlechter Zustand: Beschichtung mit dem Stanley-Messer vorsichtig einritzen, Beschichtung abziehen und wie unbehandeltes Metall bearbeiten.	**Wasser- und Ölbasis:** Eine Allzweckgrundierung auftragen und 16 Stunden trocknen lassen.	**Wasser- und Ölbasis:** Wie unbehandeltes Metall.

*) Grundierungen und Voranstriche auf Wasserbasis für wasserlösliche Endanstriche und auf Ölbasis für Ölanstriche.

Drei Stadien: neu (*links*), mit Rostschutzanstrich und Metallgrundierung (*Mitte*) und mit Gold-Anstrich (*rechts*). An Stelle der hier verwendeten blauen Kfz-Grundierung kann ebensogut Eisenoxid-Grundierung verwendet werden (siehe auch S. 182).

PUTZ UND ANDERE PORÖSE FLÄCHEN

MALFLÄCHE	REINIGUNG	REPARATUR	GRUNDIERUNG*)	VORANSTRICH*)
ZEMENT UND BETON	Mit Wasser abspritzen und mit einer Scheuerbürste abreiben. Flecken mit Reinigungsmittel behandeln; Ölflecken lassen sich mit Sand entfernen.	Größere Löcher mit Zement ausbessern.	**Wasser- und Ölbasis:** PVA- oder EVA-Lösung**) auftragen und 2 Stunden trocknen lassen, darüber einen Tiefgrundanstrich (16 Stunden trocknen lassen).	**Wasserbasis:** Acrylgrundierung auftragen und trocknen lassen (2 Stunden). **Ölbasis:** Voranstrich *oder,* ausschließlich bei Zement, Mineralfarbe auftragen und trocknen lassen (16 bzw. 24 Stunden).
STUCK: große und kleine Objekte	Mit weichem Tuch abreiben.	Risse mit feiner Spachtelmasse ausbessern und mit feinem Sandpapier abschleifen.	**Wasser- und Ölbasis:** Wie Zement. Bei kleinen Objekten kann der Tiefgrund ausgelassen werden.	**Wasserbasis:** Wie Zement. **Ölbasis:** Einen Voranstrich auftragen und 16 Stunden trocknen lassen.
TERRAKOTTA	Mit weichem Tuch und danach mit feinem Sandpapier abschleifen.	Wie Stuck.	**Wasserbasis:** PVA- oder EVA-Lösung**) auftragen und 2 Stunden trocknen lassen, darüber eine Acrylgrundierung (2 Stunden trocknen lassen). **Ölbasis:** Nicht erforderlich.	**Wasserbasis:** Nicht erforderlich. **Ölbasis:** Wie Gips.

*) Grundierungen und Voranstriche auf Wasserbasis für wasserlösliche Endanstriche und auf Ölbasis für Ölanstriche.

**) EVA ist die wasserresistente Form von PVA-Binder zur Verwendung in Wintergärten, Gärten und ähnlichem.

Nach Identifizierung des Originalanstrichs auf die geeignete Weise reinigen. War der alte Anstrich stark glänzend, ist das Abschleifen besonders wichtig und sollte nicht zu kurz ausfallen. Bei dunklen Flächen mehrere Voranstriche auftragen.

KUNSTSTOFFE

MALFLÄCHE	REINIGUNG	REPARATUR	GRUNDIERUNG*)	VORANSTRICH*)
KUNSTSTOFF (hart, weich), GLASFASER UND VINYL	Mit Schmierseife *oder* einem Reinigungsmittel waschen. Mit Schleifpapier abschleifen.	Risse und Löcher mit Karosserieschaum ausbessern.	**Wasser- und Ölbasis:** Einen Tiefgrundanstrich auftragen und 16 Stunden trocknen lassen, darüber eine Acrylgrundierung (2 Stunden trocknen lassen).	**Wasserbasis:** Nicht erforderlich. **Ölbasis:** Voranstrich auftragen und 16 Stunden trocknen lassen.

*) Grundierungen und Voranstriche auf Wasserbasis für wasserlösliche Endanstriche und auf Ölbasis für Ölanstriche.

Bei dieser alten, folienbeschichteten Tür wurde zuerst der Griff entfernt, dann wurden die Löcher mit Karosserieschaum ausgebessert. Bevor der Eisenimitations-Anstrich aufgetragen wird, die Türe glattschleifen und grundieren.

Diese Plastiktöpfe wurden abgeschliffen, mit Tiefgrund und Acrylgrundierung gestrichen und danach mit einem Granitimitations-Anstrich (siehe S. 152) versehen.

TEIL 2

FARB-REZEPTE

Traditionelle und moderne Wandanstriche, Maltechniken, mit denen man allen Arten von Oberflächen das Aussehen von Holz, Stein oder Metall verleihen kann, sowie ornamentale Anstriche.

Ein ausgezeichnetes Beispiel für wasserlöslichen Reißlack auf einer Holzwand. Rascher und einfacher anzuwenden als der traditionelle Lack auf Ölbasis (siehe S. 112–116); man kann damit das Aussehen eines Raumes auf kostengünstige Weise komplett verändern.

WÄNDE

Links: Terrakotta paßt ausgezeichnet zur bemalten Holzkommode und dem geschickten Arrangement alter und exotischer Sammlerstücke. Zum Basisanstrich wurde zwecks Strukturierung feiner Sand gegeben, was die Lasur (siehe S. 52 und S. 100) noch tiefer erscheinen läßt.

Die Auswahl der Farben und Anstriche für die Wände ist wahrscheinlich die wichtigste Entscheidung bei der Gestaltung eines Raumes. Sie sollten das Wesen der hier arbeitenden und lebenden Menschen und die von ihnen bevorzugte Atmosphäre widerspiegeln.

Experimentieren mit eigenen Anstrichen bedeutet, daß Individualität zum Ausdruck gebracht werden kann, was mit einem fertiggemischten Standardanstrich nicht möglich ist. Die Farben können genau auf Einrichtungsgegenstände abgestimmt werden. Wenn man etwa durch eine Auslandsreise inspiriert wurde, kann man in vielen Fällen mit Hilfe der Farbrezepte das Innen- oder Außendesign schaffen, das einen so großen Eindruck hinterlassen hat.

Die Herstellung eines stilgetreuen Wandanstrichs war einst eine teure und zeitaufwendige Angelegenheit. Heute gibt es für die ungewöhnlichen und teuren Produkte gute Alternativen, und mit Hilfe der Farbrezepte lassen sich leicht authentisch wirkende Interieurs schaffen. Zusätzlich kann man mit Imitations- und Antikisierungstechniken einem Raum ein charakteristisches, altes Aussehen verleihen. Jede Stilrichtung – von der Landküche bis zum herrschaftlichen Entree – liegt nunmehr im Bereich des Möglichen.

Mit den geeigneten Maltechniken lassen sich auf preisgünstige Weise viele Unzulänglichkeiten »überdecken«, vielleicht erspart man sich sogar den Neuverputz einer Wand, der mit entsprechender Behandlung zu charakteristischem Aussehen verholfen werden kann.

Unten: Religiöse Szenen zieren diesen mexikanischen Innenhof. Unbehandelter Stein, bemalter Putz und zarte Farben schaffen eine inspirierende Atmosphäre.

Mit denselben Techniken kann auch eine absolut glatte, neue Wand interessant strukturiert werden.

Auch wenn Einheitlichkeit innerhalb des ganzen Hauses erwünscht ist, muß jeder Raum individuell behandelt werden. Einige Flächen sind größerer Beanspruchung ausgesetzt als andere, manche Anstriche eignen sich vielleicht nicht so sehr für Küche oder Badezimmer, andere wiederum benötigen unter Umständen zusätzlichen Schutz.

Bei der Auswahl des Anstriches und der Farben sollte man die Raumdimensionen beachten. Wenn eine offensichtlich nicht den Dimensionen entsprechende Wirkung vermieden werden soll, muß man berücksichtigen, daß helle Farben einen Raum größer wirken lassen und dunkle kleiner. Das ist sehr nützlich, wenn ein großer Raum gemütlicher werden oder ein kleiner Raum größer wirken soll. Soll die Wirkung dezent sein, eignen sich weniger spektakuläre Anwendungen wie die Stupf- oder Zugtechnik. Man darf auch nicht vergessen, daß die Farbe des Basisanstrichs die aufgetragene Lasur stark verändert. Die stärksten Farbeffekte lassen sich meist mit Weiß als Grundfarbe erzielen.

Viele Wandanstriche eignen sich auch für andere Flächen. Beachten Sie die Farbcodes am Beginn jedes Farbrezepts und die entsprechenden Erklärungen auf Seite 41.

Oben: »Gewolkte« Wände (siehe S. 52) in zarten Erd- und Blautönen geben die bei der Einrichtung verwendeten Farben wieder. Für zusätzliche Wirkung sorgt die schachbrettartige Aufteilung der Oberflächen in helle und dunkle Stellen.

Links: Dieser alte Putz wurde ursprünglich durch die Waschtechnik mit grobkörnigem Sand und Terrakottapigmenten gestaltet (siehe S. 52). Im Laufe der Zeit ist der Anstrich verwittert und wirkt nun äußerst romantisch.

WASCHTECHNIK

Die Waschtechnik gehört zur Gruppe jener Techniken, die ihren Ursprung in künstlerischen Anwendungen haben. Man spricht auch von gebrochenen oder »gewolkten« Farben und meint damit den lockeren Auftrag einer leicht durchscheinenden Farbe oder Lasur auf einen kontrastierenden, opaken Basisanstrich, was feine Farbabstufungen schafft. Bei dieser Technik bleiben die Pinselstriche zwecks Strukturierung und Tiefe sichtbar. Sie ist eine gute Alternative zu herkömmlichen, deckenden Anstrichen, die zur Veredelung von Stil-Interieurs sowie für moderne Stadtwohnungen oder Landhäuser verwendet werden kann.

Dieses Landhaus erhielt eine Terrakotta-Lasur. Die traditionellen Anstriche solcher Räume sind hell und deckend oder weiß. Hier eignet sich die Waschtechnik jedoch sehr gut. Die Lasur wird aufgetragen und mit einem Tuch willkürlich über die Wand verteilt.

GRUNDREZEPT – GELBER OCKER AUF STEIN

MATERIALIEN

Basisanstrich ▶ 1 Liter Vinylemulsion Weiß, seidenmatt / 1 EL Künstleracrylfarbe Grau neutral / 2 EL Künstleracrylfarbe gelber Ocker / ½ EL Künstleracrylfarbe Umbra natur

Lasuranstrich ▶ 500 ml Vinylemulsion Weiß, matt / 500 ml Acryllasurmittel (transparent) / 3 EL Künstleracrylfarbe gelber Ocker / 2 TL Künstleracrylfarbe Zinnoberrot / 1 TL Künstleracrylfarbe Siena natur / 400–500 ml Wasser

Zusätzlicher Schutzanstrich ▶ 1 Liter Acryllack matt (ein Auftrag)

ARBEITSGERÄTE

2 Behälter zum Mischen von Farbe und Lasur / 2 Flächenstreicher, 75 mm oder 1 Pinsel und eine Rolle mit Schale / großer, gebrauchter, harter Flächenstreicher / Dachshaarvertreiber oder weicher Flächenstreicher, 75 mm / Lackierpinsel, 50 mm (nach Bedarf)

ANLEITUNG

Basisanstrich

1 Vinylemulsion in einen Behälter gießen. Grau, gelben Ocker und Umbra natur hinzufügen und gut verrühren.

2 Mit dem 75 mm-Flächenstreicher (oder mit der Rolle) gleichmäßig auf die vorbehandelte Fläche auftragen (siehe S. 34). 2–3 Stunden trocknen lassen.

❶ GELBER OCKER AUF STEIN
Nebenan beschriebenes Grundrezept: Der subtile Effekt eignet sich für traditionelle Interieurs.

❷ BLAU AUF WEISS
Weiße, seidenmatte Vinylemulsion für den Basisanstrich, Lasur mit 3 EL Kobaltblau- und 2 EL Ultramarin-Acrylfarbe.

❸ TERRAKOTTA AUF STEIN
Steinfarbener Basisanstrich nach dem Grundrezept; Lasur mit 3 EL Venezianischrot und 1 EL gelbem Ocker. Mit weiten Pinselschwüngen ausgeführt.

❹ LILA AUF WEISS
Auffälliger, moderner Anstrich auch für traditionsreiche Räume. Basisanstrich mit weißer, seidenmatter Vinylemulsion, Lasur nur mit 3 EL glänzendem Purpur.

❺ BRAUN AUF WEISS
Sanfter, neutraler Anstrich für stilgetreue oder moderne Räume: Weiße, seidenmatte Vinylemulsion für den Basisanstrich, 2 EL Grau neutral und 2 EL Bronzeocker für die Lasur. Auffällige Kreuzschraffierung bewirkt den Diamanteffekt.

❻ GRÜN AUF WEISS
Lasur mit 3 EL Hellgrün auf einem Basisanstrich mit weißer, seidenmatter Vinylemulsion. Ausführung mit auffälliger, willkürlicher Pinselführung.

Lasur

1 Matte Vinylemulsion in den anderen Behälter gießen. Acryllasurmittel, gelben Ocker, Zinnoberrot, Siena natur und (nach und nach) Wasser hinzufügen. Gut verrühren, bis eine flüssige, doch nicht zu dünne Lasur entsteht. Hier ist die richtige Konsistenz entscheidend – am Schluß sollte der Basisanstrich durch die Lasur hindurch sichtbar sein.
2 Lasur mit einem 75 mm-Flächenstreicher auftragen. Mit willkürlicher Pinselführung gestalten, dabei nicht mehr als 1 m^2 gleichzeitig bearbeiten. Wenn das Ergebnis eher gleichmäßig werden soll, wird der Pinsel bogenförmig bewegt.
3 Mit dem trockenen, harten Flächenstreicher nochmals mit willkürlicher Führung in alle Richtungen über die Fläche gehen.
4 Mit dem Dachshaarvertreiber (oder einem weichen Pinsel) leicht über die Oberfläche streichen; dabei nur die Pinselspitze einsetzen (siehe S. 34). So entstehen weichere Pinselmuster. 2 Stunden trocknen lassen.

Eine Waschtechnik mit sanften Blautönen wurde hier angewendet, um den engen und leicht dunklen Vorraum aufzuhellen. Der Lasur wurde etwas Ocker beigegeben, was den kühlen Effekt von Blau mindert. Insgesamt ein gelungenes Beispiel für einen einfachen Farbeffekt.

Wichtig: Soll die Farbe tiefer wirken, kann der Lasiervorgang wiederholt werden. Emulsionsfarbe und Lasurmittel trocknen zu einem strapazierfähigen Anstrich verarbeiten. Bearbeitet man mit dieser Technik Flächen, die großer Abnutzung ausgesetzt sind, trägt man am besten ein oder zwei Schutzlackanstriche auf und läßt jeden Auftrag 2–3 Stunden trocknen.
Bei Holz muß man sowohl Basisanstrich als auch Lasur in Richtung der Holzmaserung auftragen. Nach dem Trocknen des Basisanstrichs Lasur mit einem Tuch auftragen und, wie in Schritt 4 beschrieben, vertreiben. Auch hier kann man zum Schutz ein oder zwei Lackschichten auftragen.
Außenflächen: Für den Basisanstrich Mauerfarbe verwenden und mit zwei Schichten Polyurethanlack abschließen.

Dieser einfache Zeitungshalter aus Faserplatten hat, entsprechend dem Grundrezept, eine Ockerlasur auf steinfarbenem Basisanstrich erhalten. Die Freihandmalereien und Schablonendekorationen sind im Bloomsbury-Stil (siehe S. 184).

SCHWAMMTECHNIK

Das Auf- bzw. Abtragen mit dem Schwamm ist eine moderne Technik zur Herstellung »gewolkter« Farben. Um den leicht gefleckten Effekt zu erzielen, wird ein mit Wasser angefeuchteter oder in Lasur getauchter Schwamm zur Bearbeitung einer kontrastierenden Lasur oder eines opaken Basisanstriches verwendet. Beide Methoden lassen sich auch kombinieren, wodurch ein Anstrich mit eindrucksvollem Muster entsteht. Nach Möglichkeit sollte man Meeresschwämme verwenden – die Struktur wird interessanter als bei synthetischen Haushaltsschwämmen.

GRUNDREZEPT – GRAU AUF STEIN

MATERIALIEN

Basisanstrich ▶ 1 Liter Vinylemulsion Weiß, seidenmatt / 2 EL Künstleracrylfarbe Umbra gebrannt / ½ TL Künstleracrylfarbe Ultramarinblau / ½ EL Künstleracrylfarbe Marsschwarz
Erster Lasuranstrich ▶ 500 ml Vinylemulsion Weiß, matt / 250 ml Acryllasurmittel (transparent) / 2 EL Künstleracrylfarbe Grau neutral / 1 EL Künstleracrylfarbe Umbra gebrannt / ¼ EL Künstleracrylfarbe Marsschwarz / 200 ml Wasser
Zweiter Lasuranstrich ▶ 500 ml Vinylemulsion Weiß, matt / 250 ml Acryllasurmittel / 2 EL Künstleracrylfarbe Marsschwarz / ½ EL Künstleracrylfarbe Umbra gebrannt / 250 ml Wasser
Zusätzlicher Schutzanstrich ▶ 1 Liter Acryllack matt (ein Auftrag)

ARBEITSGERÄTE

3 Behälter zum Mischen von Farbe und Lasuren / 2 Flächenstreicher, 75 mm oder 1 Standardrolle mit Schale / Meeresschwämme in verschiedenen Größen / Wasser zum Befeuchten und Auswaschen der Schwämme / Wegwerfhandschuhe / 1 Lackierpinsel (bei Bedarf)

ANLEITUNG

Basisanstrich

1 Seidenmatte Vinylemulsion in einen Behälter gießen. Umbra gebrannt, Ultramarinblau und Marsschwarz hinzugeben und gut verrühren.
2 Mit dem 75 mm-Flächenstreicher oder der Rolle gleichmäßig (siehe S. 34) auf die vorbehandelte Fläche auftragen. 2–3 Stunden trocknen lassen.

Erster Lasuranstrich

1 Matte Vinylemulsion in einen anderen Behälter gießen. Acryllasurmittel, Grau neutral, Umbra gebrannt, Marsschwarz und (nach und nach) Wasser hinzufügen, gut verrühren.
2 Mit einem 75 mm-Flächenstreicher Lasur auf den Basisanstrich gleichmäßig deckend auftragen (bei großen Flächen kann auch eine Rolle verwendet werden).
3 Einen Schwamm ins Wasser tauchen und ausdrücken, bis er fast trocken ist. Handschuhe anziehen und mit dem Schwamm Teile der Lasur vorsichtig abtupfen (siehe S. 35). Durch Drehen des Handgelenks und unterschiedliche Schwammgrößen lassen sich verschiedene Effekte erzielen. 1–2 Stunden trocknen lassen.

Zweiter Lasuranstrich

1 Matte Vinylemulsion in den dritten Behälter gießen. Acryllasurmittel, Marsschwarz, Umbra gebrannt und (nach und nach) Wasser hinzufügen. Diese Lasur muß wäßriger werden als die erste. Gut verrühren.
2 Ein wenig Lasur in die saubere Rollenschale gießen. (Der Schwamm soll nicht mit zuviel Lasur getränkt werden.)
3 Handschuhe anziehen und mit einem zweiten, leicht befeuchteten Schwamm die Lasur vorsichtig auftupfen, dabei den Schwamm drehen, um unterschiedliche Muster zu erzeugen. Schwamm regelmäßig in Wasser auswaschen, um ein Verklumpen zu verhindern. 2 Stunden trocknen lassen.

Wichtig: Für eine strapazierfähige Oberfläche ein oder zwei Lackschichten auftragen und jeweils 2–3 Stunden trocknen lassen. Wenn man beide Techniken, das Auf- und Abtragen, kombiniert, erhält der Anstrich mehr Tiefe. Es ist jedoch auch möglich, jede der Techniken alleine anzuwenden.

❶ GRAU AUF STEIN
Das Grundrezept: Idealer Anstrich für traditionelles Interieur. Oberhalb der Wandschiene wurde die graue Lasur einfach abgetupft; darunter wurde dieselbe Lasur erst ab- und danach aufgetupft.

❷ DUNKLES PINK AUF KORALLE
Der Koralle-Basisanstrich enthält 2 EL Kadmiumrot und 1 EL Umbra natur, die Lasur 2 EL Kadmiumrot, 1 EL Umbra natur und ½ EL Grau neutral. Diese intensiven Töne passen gut in traditionelle oder moderne Interieurs.

❸ OCKER AUF SAND
Ein neutraler Anstrich als Ergänzung zu Naturstoffen: Der Basisanstrich enthält 2 EL gelben Ocker und 1 EL Umbra natur und die Lasur 3 EL gelben Ocker.

WICKELTECHNIK

Die Wickeltechnik ist eine relativ rasche und einfache Technik, bei der mit Hilfe eines fusselfreien, eingedrehten Stofftuches Farbe oder Lasur auf- oder abgetragen wird. Dabei können zwei oder mehr Farben verwendet werden sowie eine Kombination aus beiden Techniken (d.h. die Farbe wird zuerst abgenommen und dann aufgetragen). Wickeln eignet sich ausgezeichnet für die Bearbeitung nicht perfekter Oberflächen, obwohl eine gute Vorbehandlung unumgänglich ist, weil sich die Lasur sonst leicht in Löchern und Rissen ansammelt. Da die Lasur rasch trocknet, wäre es gut, einen zweiten Anstreicher zu engagieren, und außerdem ist empfehlenswert, die Fläche nicht übermäßig zu beanspruchen, damit der Effekt nicht zu fleckig wird. Gewickelt wird normalerweise mit dezenten Farbkombinationen, um das Aussehen alter Wände nachzuahmen. Durch eine andere Farbwahl kann die Technik jedoch auch einem modernen Innenraum angepaßt werden. Der Effekt kann auch durch unterschiedliche Arbeitsgeräte verändert werden. Mit Plastiktüten, Schnüren, zusammengeknäultem Papier und Teppichresten können reizvolle Ergebnisse erzielt werden, jedoch dürfen die Enden nicht fransen oder abstehen.

GRUNDREZEPT – KOBALT AUF FLIEDER

MATERIALIEN

Basisanstrich ▸ 1 Liter Vinylemulsion Weiß, seidenmatt / 1 EL Künstleracrylfarbe Kobaltblau / ½ EL Künstleracrylfarbe Kobaltgrün / ½ EL Künstleracrylfarbe Gelboxid

Lasuranstrich ▸ 500 ml Vinylemulsion Weiß, matt / 500 ml Acryllasurmittel (transparent) / 2 EL Künstleracrylfarbe Kobaltblau / 2 TL Künstleracrylfarbe Kobaltgrün / 500 ml Wasser

Zusätzlicher Schutzanstrich ▸ 1 Liter Acryllack seidenmatt oder matt (ein Auftrag)

ARBEITSGERÄTE

3 Behälter zum Mischen von Farbe und Lasur / 2 Flächenstreicher, 75 mm oder 1 Standardrolle mit Schale / Baumwolltücher (45 cm²) / Wasser zum Befeuchten / Wegwerfhandschuhe / 1 Lackpinsel, 50 mm (bei Bedarf)

ANLEITUNG

Basisanstrich

1 Seidenmatte Vinylemulsion in einen Behälter gießen. Kobaltblau, -grün und Gelboxid hinzufügen und gut verrühren.

2 Mit einem 75 mm-Flächenstreicher (oder einer Rolle) gleichmäßig (siehe S. 34) auf die vorbehandelte Fläche auftragen. 2–3 Stunden trocknen lassen.

Erster Lasuranstrich

1 Matte Vinylemulsion in den zweiten Behälter gießen. Acryllasurmittel, Kobaltblau, Kobaltgrün und (nach und nach) Wasser hinzufügen und gut verrühren. Die Hälfte der Lasur in den dritten Behälter geben und für den zweiten Lasuranstrich aufbewahren.

2 Den ersten Teil der Lasur mit einem 75 mm-Flächenstreicher (oder einer Rolle) mit horizontalen und vertikalen Strichen gleichmäßig deckend auftragen.

❶ KOBALT AUF FLIEDER
Das Grundrezept: Obwohl der Basisanstrich kaum sichtbar ist, erhält der Effekt durch die durchscheinende Kobaltlasur auf dem weicheren Grund mehr Tiefe. Das auffällige Muster entsteht durch auf- und abtragende Wickeltechnik.

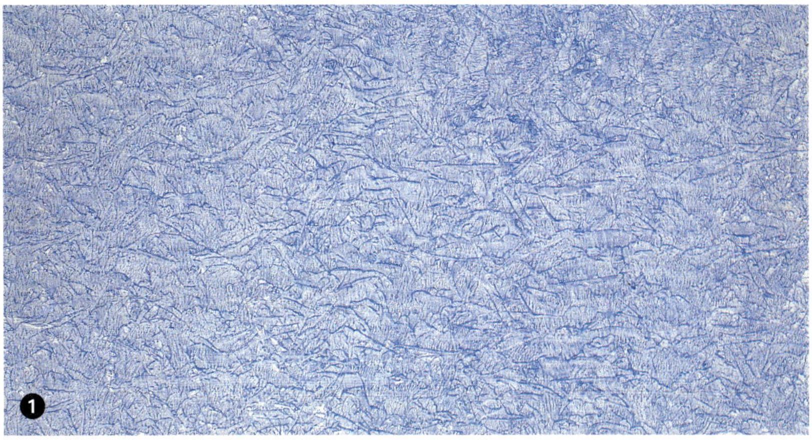

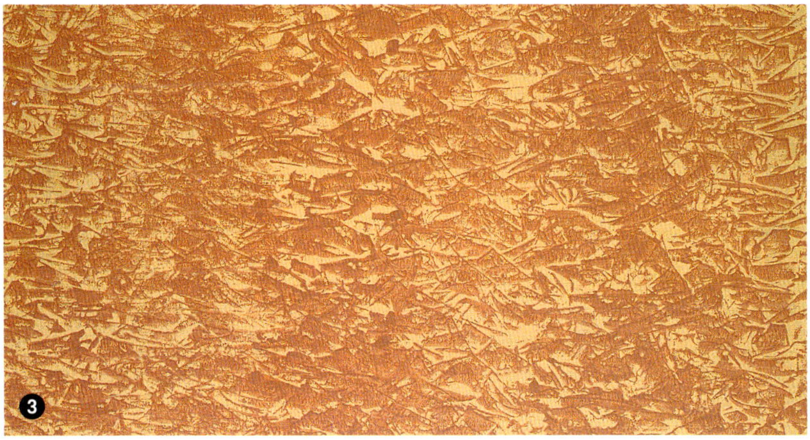

❷ OCKER AUF STEIN
Der Basisanstrich enthält 2 EL Bronzeocker und 1 EL gelben Ocker, die Lasur 3 EL gelben Ocker und ½ EL Siena natur. Durch Aufwickeln entsteht diese typisch italienische Ausführung.

❸ PINK AUF AUSTER
Eine abgetragene Lasur: 2 EL Umbra gebrannt, 1 EL Siena natur und ½ EL gelber Ocker für den Grund, und 2 EL Kadmiumrot, 1 EL Titanweiß und ½ EL Umbra gebrannt für den staubigen Pink-Effekt.

❹ TERRAKOTTA AUF SAND
Ein intensiver Effekt durch ab- und auftragendes Wickeln; geeignet für traditionelle Interieurs: 2 EL gelber Ocker und 1 ½ EL Eisenoxid für den Basisanstrich, 2 EL gelber Ocker, 2 EL Eisenoxid und ½ EL Umbra natur für die Lasur.

❺ BLAUGRÜN AUF GRÜN
Der Basisanstrich enthält 2 EL Viridiangrün und ½ EL Kobaltblau; die dunklere Lasur 3 EL Viridiangrün, 1 EL Kobaltblau und 1 TL Umbra natur. Hier wird nur abgetragen.

❻ BLAUBEER AUF LILA
Basisanstrich ist eine vorgemischte Blaubeer-Emulsion, der Lilaton der Lasur enthält 2 EL dunkles Lila und 1 EL Titanweiß. Die Lasur ist hier blasser als der Basisanstrich, der Effekt daher besonders modern.

3 Tuch in Wasser tauchen und auswringen. Handschuhe anziehen, das Tuch zusammenrollen, in der Mitte falten, an beiden Enden halten und zu einer Wurst eindrehen.

4 Das Tuch an beiden Enden festhalten und über die Lasur abrollen; dabei in einer vertikalen Bahn von oben nach unten arbeiten (siehe S. 36). Das Tuch immer wieder auswaschen und neu rollen, um ein Verklumpen zu verhindern. Weiter von oben nach unten arbeiten, dabei die Bahnen 1 cm über-

lappen lassen, damit das Muster nicht zu regelmäßig wird. Nicht ein zweites Mal über eine Fläche gehen; der Anstrich würde sonst zerstört werden. 2 Stunden trocknen lassen.

Zweiter Lasuranstrich

1 Einen kleinen Teil der restlichen Lasur in die Rollenschale gießen. (So wird das Tuch mit weniger Farbe getränkt.)
2 Handschuhe anziehen, Tuch in die Lasur tauchen und auswringen. Wie oben beschrieben zu einer Wurst rollen.
3 Wie im 4. Schritt des ersten Lasuranstrichs beschrieben, die Lasur auf den Anstrich aufrollen. Tuch neu wickeln und tränken, wenn der Anstrich zu hell wird. Der Effekt soll so gleichmäßig wie möglich ausfallen und Streifen möglichst vermieden werden; daher die Bahnen nicht mehr als 1 cm überlappen lassen. 2 Stunden trocknen lassen.

Wichtig: Für eine strapazierfähige Oberfläche Lack auftragen und 2–3 Stunden trocknen lassen.

Diese freundliche rustikale Küche wurde mit der Wickeltechnik in sanften Ockertönen ausgemalt; ein idealer Anstrich, der die ländliche Atmosphäre wahrt und auch sehr strapazierfähig ist. Das einfache Abschlußband schafft einen originalgetreuen Übergang zwischen Wand und Decke.

ZUGTECHNIK

Im 18. Jahrhundert entwickelte sich das »Ziehen« aus der Technik des Maserierens. Dabei wird eine durchscheinende Lasur auf den Basisanstrich aufgetragen. Danach zieht man mit einem Schläger von oben nach unten feine Linien, die die Grundfarbe durchscheinen lassen. Traditionell wurde eine dunkle Öllasur verwendet. Ölfarben bringen bessere Resultate, da sie langsamer trocknen als wasserlösliche Farben und somit eine längere Arbeitszeit ermöglichen. Die Zugtechnik eignet sich nur für glatte Flächen – bei Unebenheiten werden die Linien nicht gleichmäßig.

GRUNDREZEPT – DUNKELBLAU AUF WEISS (ÖLBASIS)

MATERIALIEN

Basisanstrich ▸ 1 Liter weiße, geruchsarme Eierschalenfarbe
Lasuranstrich ▸ 500 ml vorgemischtes Lasurmittel auf Ölbasis (transparent) / 2 EL Künstlerölfarbe Ultramarinblau / 1 EL Künstlerölfarbe Preußischblau / ½ TL Künstlerölfarbe gelber Ocker / 150 ml Testbenzin
Schutzanstrich ▸ 1 Liter glanzloser Klarlack auf Ölbasis

ARBEITSGERÄTE

2 Haushaltspinsel, 75 mm oder 1 Standardrolle mit Schale / Behälter zum Mischen / 1 Schläger oder flacher Pinsel mit langen Borsten, 75 mm / Tücher / Wegwerfhandschuhe / Stahlwolle (bei Bedarf) / 1 Haushaltspinsel, 50 mm

ANLEITUNG

ARBEITSBEREICH STETS GUT BELÜFTEN.

Basisanstrich

Eierschalenfarbe gut verrühren und auf die vorbehandelte Fläche mit einem 75 mm-Haushaltspinsel (oder einer Rolle) deckend auftragen (siehe S. 34). 24 Stunden trocknen lassen.

Lasuranstrich

1 Öllasurmittel in den Behälter gießen. Ultramarinblau, Preußischblau und gelben Ocker hinzufügen und gut mischen.
2 Testbenzin (nach und nach) einrühren, bis die Lasur von milchiger Konsistenz ist.
3 Mit einem 75 mm-Haushaltspinsel (oder einer Rolle) auf den Basisanstrich auftragen, dabei horizontal und vertikal arbeiten, um die Lasur gleichmäßig zu verteilen.
4 Handschuhe anziehen und während des gesamten Arbeitsgangs tragen. Von oben beginnend, ohne abzusetzen, die Lasur mit dem Schläger nach unten ziehen (siehe S. 35). Pinsel mit einem Tuch abwischen. Den Linienverlauf überprüfen und mit einer neuen Spur beginnen. Damit der Effekt noch stärker ausfällt, kann der Vorgang nach jedem Zug oder nach der Bearbeitung der gesamten Fläche wiederholt werden. Beim zweiten Arbeitsgang kann man auch Stahlwolle zum Ziehen verwenden (siehe S. 35). (Stahlwolle nach jedem Zug abwischen.) 24 Stunden trocknen lassen.

Schutzanstrich

Mit dem 50 mm-Haushaltspinsel eine Schicht glanzlosen Lack auftragen.

❶ DUNKELBLAU AUF WEISS UND HELLBLAU AUF ULTRAMARIN
Der obere Teil der Abbildung zeigt die Umsetzung des Grundrezepts. Der untere wirkt wie die spiegelbildliche Ausführung des oberen, jedoch wurden hier andere Farben verwendet. Der Basisanstrich besteht hier aus vorgemischter, ultramarinblauer Eierschalenfarbe, und der Lasurton wurde mit 2 EL Titanweiß und ¼ TL Ultramarinblau erzeugt. Die Lasur wurde zuerst mit dem Pinsel und danach noch drei- bis viermal mit Stahlwolle gezogen. Auf dem Zwischenstück befindet sich eine Schablonenmalerei, die mit Eierschalenfarbe ausgeführt wurde.

❷ OCKER
AUF STEIN
Blasse Lasur auf intensivem Grund: eine moderne Ausführung. Die Lasur enthält 2 EL gelben Ocker und 1 EL Umbra natur, der Basisanstrich einfach nur 2 EL gelben Ocker.

❸ BLASSES PINK
AUF TERRAKOTTA
Für den Basisanstrich werden 2 EL gelber Ocker mit 1 EL Eisenoxid gemischt und für die Lasur 2 EL Titanweiß, ½ EL Kadmiumrot und ½ TL Kobaltblau. Das Ergebnis: eine blasse Lasur auf intensivem Grund.

❹ DUNKELROT
AUF BLAUGRÜN
Der Basisanstrich enthält 1 EL Viridiangrün und 1 EL Kobaltblau, die Lasur 1 EL Kadmiumrot, ½ EL Eisenoxid und ½ EL Umbra gebrannt – ein luxuriöser Effekt.

❺ MEERGRÜN
AUF WEISS
Für den Basisanstrich wurde reinweiße Eierschalenfarbe gewählt und für die Lasur 2 EL Viridiangrün und 2 EL Kobaltblau. Dieser frische Anstrich paßt zu modernen ebenso wie zu stilmöblierten Räumen.

STUPFEN

Stupfen ist die Bearbeitung von frisch aufgetragener Farbe zur Schaffung eines fein strukturierten, matten Anstrichs. Auf einen kontrastierenden Grund wird Lasur aufgetragen und danach gestupft, so daß der Basisanstrich durchscheint. Eine gute Vorbehandlung der Oberfläche ist unerläßlich, da mit dieser Technik Unebenheiten und Risse betont werden. Ölfarben sind für diesen Effekt besser geeignet, und außerdem braucht man eine ruhige Hand. Die besten Ergebnisse erzielt man mit einer Stupfbürste, man kann aber auch eine Tapezierbürste verwenden. Der Stupfeffekt ist sehr elegant und läßt einen Raum älter erscheinen.

GRUNDREZEPT – ROT AUF ROT (ÖLBASIS)

MATERIALIEN

Basisanstrich ▶ 1 Liter vorgemischte, dunkelrote, geruchsarme Eierschalenfarbe
Lasuranstrich ▶ 500 ml vorgemischte Öllasur (transparent) / 3 EL Künstlerölfarbe Kadmiumrot / ½ EL Umbra natur / 1 EL Leinöl / 150 ml Testbenzin
Schutzanstrich ▶ 1 Liter glanzloser Klarlack auf Ölbasis

ARBEITSGERÄTE

2 Haushaltspinsel, 75 mm oder 1 Standardrolle mit Schale / Behälter zum Lasurmischen / Wegwerfhandschuhe / Stupf- oder Tapezierbürste / alte Tücher / 1 Haushaltspinsel, 50 mm

ANLEITUNG

ARBEITSBEREICH STETS GUT BELÜFTEN.

Basisanstrich

Eierschalenfarbe gut verrühren und mit einem 75 mm-Haushaltspinsel (oder einer Standardrolle) gleichmäßig auf die vorbehandelte Fläche auftragen (siehe S. 34). 24 Stunden trocknen lassen.

Lasuranstrich

1 Öllasur in den Behälter gießen. Kadmiumrot und Umbra natur hinzufügen und gut verrühren.
2 Leinöl und ein wenig Testbenzin dazugeben und nochmals mischen. Unter ständigem Rühren restliches Testbenzin hinzufügen, bis die Lasur milchig, aber nicht zu dünnflüssig ist.
3 Mit einem 75 mm-Haushaltspinsel (oder einer sauberen Rolle) auf den Basisanstrich gleichmäßig deckend (siehe S. 34) vertikal und horizontal auftragen.
4 Während des gesamten Arbeitsgangs Handschuhe tragen. Mit der Stupf- oder Tapezierbürste vorsichtig stupfen, d. h. mit den Spitzen der Bürste leicht auf die Malfläche klopfen (siehe S. 35). Tropfen mit einem Tuch abwischen. Die Stupfbewegung besser aus dem Handgelenk als mit dem ganzen Arm ausführen, das ist weniger ermüdend, und das Ergebnis wird feiner. Durch Verändern des Bürstenwinkels kann man den Effekt leicht variieren. 24 Stunden trocknen lassen.

Schutzanstrich

Mit dem 50 mm-Haushaltspinsel eine glanzlose Lackschicht auftragen.

❶ ROT AUF ROT
Das Grundrezept: Bei dieser klassischen Farbzusammenstellung wirkt die dunkelrote Lasur durch das Stupfen, das den Basisanstrich in winzigen Pünktchen sichtbar macht, noch intensiver. Ein sehr eindrucksvolles Ergebnis.

❷ GRÜN AUF GRÜN
Für den Basisanstrich 1 Liter weiße Eierschalenfarbe mit 1 ½ EL Blattgrün mischen. Die Lasur entspricht dem Grundrezept, enthält jedoch 1 ½ EL Blattgrün und 1 EL Titanweiß. Paßt sehr gut in ein Badezimmer.

❸ DUNKELGRÜN AUF STEIN
Der Basisanstrich enthält 2 EL gelben Ocker und ½ EL Siena natur (in 1 Liter weiße, geruchsarme Eierschalenfarbe eingerührt). Auch hier macht man die Lasur nach dem Grundrezept, jedoch mit 2 EL Blattgrün und ½ EL Umbra natur. Diese charakteristischen Farben passen sehr gut zu klassischen Interieurs.

❹ GELB AUF GELBEM OCKER
Ein auffälliger Anstrich für eine moderne Wohnung: 1 Liter weiße, geruchsarme Eierschalenfarbe und 2 EL gelber Ocker für den Basisanstrich; die Lasur entspricht dem Grundrezept, enthält jedoch 3 EL gelben Ocker und ½ EL Kadmiumgelb.

STUPFEN AUF WASSERBASIS

Zwei Schichten vorgemischte, dunkelrote Emulsion auftragen und 2–3 Stunden trocknen lassen. Dann die Lasur im gleichen Verhältnis, wie im Grundrezept angegeben, mischen, jedoch statt der Öllasur und den Künstlerölfarben die entsprechenden Acrylprodukte und Wasser statt Leinöl und Testbenzin verwenden. Lasur wie nebenstehend beschrieben auftragen und stupfen. 2–3 Stunden trocknen lassen und bei Bedarf einen Schutzanstrich auftragen. Bei Produkten auf Wasserbasis muß man rasch arbeiten, da sie schnell trocknen.

Rechts: Die Wände dieser Landküche wurden mit der Schwammtechnik, die Schranktüren mit der Zugtechnik behandelt (siehe S. 56 und S. 62). Durch die abschließende Lackschicht sind die Flächen leicht zu reinigen. Ziehen eignet sich hervorragend zur Dekoration von Schränken, da es viel einfacher ist, über kurze Strecken gleichmäßige Linien zu ziehen.

Links: Die blaugewolkten Wände bieten einen lebhaften Hintergrund für die Inneneinrichtung aus alten und modernen Möbeln und Kunstgegenständen in diesem Schlafzimmer (siehe S. 56).

Der einfache Fries wurde per Hand in Blau und Grau gemalt und verbindet auf ansprechende Weise die gewolkte Wand mit der einfarbigen Decke; ein Übergang, der oft problematisch ist.

Oben: Die Wand oberhalb der Verkleidung wurde mit Schachbrettschablonen dekoriert (siehe S.187). Dabei wurde zartes Olivgrün auf einen blasseren, ebenfalls olivgrünen Grund aufgetragen.

Links: Hier wurden die Wände mit einer Kombination aus Waschtechnik und Kalken behandelt (siehe S. 52 und S. 68). Die weichen, sandigen Töne schaffen eine Atmosphäre vergangener Tage.

KALKEN

Kalkfarbe wurde im Mittelalter für Mauer- oder Außenanstriche verwendet. Dieser traditionelle Anstrich, der wie eine abgeriebene Kreideschicht wirkt, wird hier mit Hilfe moderner Emulsionsfarben und eines farbigen Basisanstriches nachgeahmt. Die Ausführung ist einfach und die Trocknungszeit relativ kurz. Das Freilegen der Grundfarbe ist jedoch ein wenig anstrengend. Je mehr man aber reibt, desto authentischer wird die Fläche. Dieser vielseitige Anstrich eignet sich sowohl für Stil-Interieurs als auch für moderne Innenräume, für Küchen, Bäder und Schlafzimmer.

GRUNDREZEPT – KALK AUF PINKFARBENEM PUTZ

MATERIALIEN

Basisanstrich ▶ 1 Liter Vinylemulsion Weiß, matt / 2 EL Künstleracrylfarbe Venezianischrot / 1 EL Künstleracrylfarbe gelber Ocker / ½ EL Künstleracrylfarbe Siena natur
Gewolkter Anstrich ▶ 1 Liter Vinylemulsion Weiß, matt
Nachbehandlung des Anstrichs ▶ 250 ml Äthylalkohol
Zusätzliche Versiegelung ▶ 250 ml Kalkwachs

ARBEITSGERÄTE

Behälter zum Mischen der Farben / 2 Flächenstreicher, 75 mm / alte Tücher / Schutzmaske / Wegwerfhandschuhe / weiches Stofftuch zum Polieren (bei Bedarf)

ANLEITUNG

Basisanstrich

1 Emulsion in den Behälter gießen. Venezianischrot, gelben Ocker und Siena natur hinzufügen und gut verrühren.
2 Auf die vorbehandelte Fläche mit regelmäßigen Pinselstrichen auftragen (siehe S. 34). 2–3 Stunden trocknen lassen.

Gewolkter Anstrich

1 Emulsion gut verrühren. Den zweiten Pinsel nur mit der Spitze eintauchen, die überschüssige Farbe abwischen.
2 Farbe ungleichmäßig auf den Basisanstrich auftragen – manche Stellen abdecken, bei anderen den Basisanstrich durchscheinen lassen. Zur stärkeren Strukturgebung mehrere Farbschichten auftragen. 2–3 Stunden trocknen lassen.

Nachbehandlung des Anstrichs

Schutzmaske aufsetzen und Handschuhe anziehen. Tuch mit Äthylalkohol anfeuchten und damit über die getrocknete Malfläche reiben, dabei manche Stellen stärker bearbeiten als andere – ein ungleichmäßiger Effekt soll erzielt werden. Die Farbe wird dadurch teilweise abgerieben, und ein gewolkter, alt wirkender Anstrich entsteht, den man 4 Stunden trocknen läßt.

Wichtig: Der Anstrich wirkt noch älter, wenn man mit einem Tuch Kalkwachs auf einzelne Stellen reibt. Danach muß die Fläche jedoch mit einem weichen Tuch aufpoliert werden.
Außenflächen: Als Schlußanstrich zwei Schichten matten Polyurethanlack auftragen.

❶ KALK AUF PINKFARBENEM PUTZ
Das Grundrezept: Die Farben unterstreichen das Aussehen eines traditionellen Kalkanstrichs, bei dem Kalkfarben auf versiegeltem, ungestrichenem Putz aufgetragen wurden. Ein rustikaler und sehr strapazierfähiger Anstrich, ideal für die Wände einer Bauernküche und andere stark beanspruchte Flächen.

❷ KALK AUF GELB
Hier enthält der Basisanstrich 3 EL Kadmiumgelb. Der »falsche« Kalkanstrich entspricht dem Grundrezept und enthält nur weiße Vinylemulsion. Diesen leuchtenden Effekt probiert man am besten in einem Gartenzimmer oder Wintergarten aus.

❸ KALK AUF LILA
Eine moderne Farbzusammenstellung, eventuell für ein Badezimmer. Der Basisanstrich wird hier nicht gemischt, sondern enthält nur Emulsionsfertigmischung in dunklem Lila. Darauf wird wiederum der gewolkte Anstrich aufgetragen.

❹ KALK AUF EAU DE NIL
Der Basisanstrich enthält 2 EL Chromoxidgrün und 1 EL gelben Ocker, darauf wird der gewolkte Standardanstrich aufgetragen.

TROCKENES LASIEREN

Bei dieser Technik wird zur Schaffung eines gewolkten Effekts Lasur mit einem relativ trockenen Pinsel auf den Basisanstrich locker aufgetragen. Ich habe für alle Beispiele einen weißen Basisanstrich verwendet, jedoch eignet sich auch ein farbiger Grund. Verwendet man weiche Farben mit sanften Pinselschwüngen, entsteht ein zarter Anstrich, bei hartem Pinsel und intensiven Farben ein auffälliger. Diese Technik wird auch oft für historische Bühnenbilder und Requisiten verwendet, um ihnen ein antikes Aussehen zu verleihen. Der Effekt eignet sich außerdem zur Betonung von Architekturelementen und aufgrund der großen Strapazierfähigkeit auch für Möbel.

GRUNDREZEPT – DUNKELBLAU AUF WEISS

MATERIALIEN

Basisanstrich ▶ 1 Liter Vinylemulsion Weiß, matt
Lasuranstrich ▶ 250 ml Vinylemulsion Weiß, matt / 250 ml Acryllasurmittel (transparent) / 3 EL Künstleracrylfarbe Ultramarinblau / 1 EL Künstleracrylfarbe Grau neutral / 125 ml Wasser
Zusätzlicher Schutzanstrich ▶ 1 Liter Acrylklarlack, matt oder seidenmatt

ARBEITSGERÄTE

1 Flächenstreicher, 75 mm oder eine Standardrolle mit Schale / Behälter zum Mischen der Lasur / 1 harter Pinsel, 50 mm / Holzbrett / 1 Lackpinsel, 50 mm (bei Bedarf)

ANLEITUNG

Basisanstrich

Emulsion gut verrühren und mit dem 75mm-Flächenstreicher oder der Rolle gleichmäßig auf die vorbehandelte Fläche auftragen (siehe S. 34). 2–3 Stunden trocknen lassen.

Lasuranstrich

1 Emulsion in den Behälter gießen. Acryllasurmittel, Ultramarinblau, Grau neutral und unter Rühren Wasser hinzufügen.
2 Die Spitze des harten Pinsels in die Lasur tauchen und überschüssige Farbe auf dem Holzbrett abstreifen, danach Farbe mit kurzen, ungleichmäßigen Pinselstrichen auftragen (siehe S. 34). Der Grund soll stellenweise durchscheinen. 2 Stunden trocknen lassen.

Wichtig: Bei Wiederholung des Lasuranstrichs wird die Farbe tiefer. Wird eine strapazierfähige Oberfläche gewünscht, Lackschicht auftragen und 2–3 Stunden trocknen lassen.
Außenflächen: Für den Basisanstrich glatte Mineralfarbe verwenden und abschließend zwei Schichten Polyurethanlack auftragen.

Oben links: Die mehrfarbige Pinsellasur dieser Wand wirkt interessant und abwechslungsreich. Unter der Lasur wurde Gesso aufgetragen und darüber eine Leimschicht, um den Anstrich älter wirken zu lassen. Die aufregende Kombination von drei verschiedenen Lasurschichten – Grün, Lila und Purpur –, die ungleichmäßig aufgetragen wurden und ineinander übergehen, wirkt anregend modern und zeugt von erlesenem Geschmack.

❶ DUNKELBLAU AUF WEISS
Die Lasur des Grundrezepts wurden hier nur einmal aufgetragen und schafft ein wunderbares Blau für Badezimmer.

❷ GELB AUF WEISS
Diese leuchtende Lasur enthält 2 EL Kadmiumgelb und ½ EL Zinnoberrot. Ein sonniger, fröhlicher Anstrich für Wohn- oder Eßzimmer in alten und neuen Häusern.

❸ PFIRSICHROSA AUF WEISS
Die Lasur enthält 2 EL Krapprosa und 1 EL Titanweiß, abgetönt mit ½ TL Kadmiumgelb. Dieser sanfte, feminine Anstrich eignet sich ganz hervorragend zur Dekoration eines Schlafzimmers.

❹ LEUCHTENDES GRÜN AUF WEISS
Diese lebhafte Lasur enthält 2 EL Chromoxidgrün und 1 EL Kadmiumgelb. Die so entstandene Schattierung ist ideal für Küchen oder Badezimmer und erzielt auch in einem Gartenzimmer überraschende Wirkung.

VERBLASSENDES LASIEREN

Als Erweiterung der Waschtechnik hat das verblassende Lasieren seinen eigentlichen Ursprung im Malen von Bühnenbildern. Ich verwende diese subtile Form der Schattierung zur Manipulation von Raumdimensionen. So kann man durch Verwendung einer dunkleren Farbe in Deckennähe einen Raum niedriger erscheinen lassen; trägt man sie in Bodennähe auf, wirkt der Raum optisch höher. Bei ausreichender Vorbehandlung der Malfläche eignen sich verblassende Lasuren auch für nicht ganz perfekte Wände. Als Farben wählt man am besten sanfte, neutrale Töne, wobei die Grundfarbe blaß sein sollte. Auf diese Weise erzeugt die dunklere Schattierung eine interessante Abstufung.

GRUNDREZEPT – DUNKELGRAU AUF TAUBENGRAU

MATERIALIEN

Basisanstrich ▶ 1 Liter Vinylemulsion Weiß, seidenmatt / 2 EL Künstleracrylfarbe Grau neutral / ½ EL Künstleracrylfarbe gelber Ocker
Dunkler Lasuranstrich ▶ 250 ml Vinylemulsion Weiß, seidenmatt / 125 ml Acryllasurmittel / 3 EL Künstleracrylfarbe Umbra gebrannt / 2 EL Künstleracrylfarbe Grau neutral / 150 ml Wasser
Heller Lasuranstrich ▶ 250 ml Vinylemulsion Weiß, seidenmatt / 125 ml Acryllasurmittel (transparent) / 3 EL Künstleracrylfarbe Paynesgrau / 150 ml Wasser
Zusätzlicher Schutzanstrich ▶ 1 Liter Acrylklarlack, matt

ARBEITSGERÄTE

3 Behälter zum Mischen von Farbe und Lasur / 1 Flächenstreicher, 75 mm oder 1 Standardrolle mit Schale / 3 Flächenstreicher, 50 mm / alte Tücher / 1 Lackpinsel, 50 mm (bei Bedarf)

ANLEITUNG

Basisanstrich

1 Emulsion in einen Behälter gießen. Grau neutral und gelben Ocker hinzufügen und gut verrühren.
2 Farbe mit dem 75 mm-Pinsel oder der Rolle gleichmäßig auf die vorbehandelte Fläche auftragen (siehe S. 34) und 2–3 Stunden trocknen lassen.

Lasuranstriche

1 Zur Vorbereitung der dunklen Lasur die Emulsion in den zweiten Behälter gießen, Acryllasurmittel, Umbra gebrannt, Grau neutral und unter Rühren Wasser hinzufügen.
2 Zur Vorbereitung der hellen Lasur die Emulsion in den dritten Behälter gießen, Acryllasurmittel, Paynesgrau und (nach und nach) Wasser hinzufügen und gut verrühren.
3 Mit einem 50 mm-Flächenstreicher die dunkle Lasur mit vertikalen Pinselstrichen auf die oberen (ca.) 45 cm der Wand auftragen. Basisanstrich teilweise durchscheinen lassen.
4 Auf der restlichen Wand mit dem zweiten 50 mm-Flächenstreicher ebenfalls wieder in vertikaler Richtung die helle Lasur auftragen.
5 Mit dem dritten 50 mm-Flächenstreicher trocken mit kurzen, überlappenden, kreuz und quer verlaufenden Pinsel-

strichen über die Fläche streichen und die Lasuren dabei vorsichtig miteinander verschmelzen. Überschüssige Farbe mit einem Tuch vom Pinsel wischen, um ein Verklumpen zu vermeiden. Man sollte nicht mehr als eine Fläche von ca. 1 m^2 bearbeiten, bis der gewünschte Effekt erreicht ist, und dann fortsetzen. 2–3 Stunden trocknen lassen.

Wichtig: Soll der Anstrich strapazierfähig sein, eine Lackschicht auftragen und 2–3 Stunden trocknen lassen.

❶ DUNKELGRAU AUF TAUBENGRAU
Das Grundrezept: Eine dunkle Lasur wird in einem Bereich von ca. 45 cm unterhalb der Decke aufgetragen, darunter beginnt die helle Lasur. Bei Verwendung dieser Farben entsteht ein klassischer Anstrich.

❷ HELLES AUF DUNKLEM GELB
Umgekehrte Technik: Die dunkle Lasur wurde oberhalb des Bodens aufgetragen, um den Raum höher erscheinen zu lassen. Der Basisanstrich enthält 2 EL gelben Ocker, die helle Lasur 2 EL gelben Ocker und 1 EL Siena natur, die dunkle Lasur enthält zusätzlich noch 1 ½ EL Umbra gebrannt.

LOCKERE PINSELLASUREN

Die lockere Pinsellasur ist eine weichere, weniger strenge Form des Ziehens. Ich habe diese Technik aus dem Studium der in vornehmen Häusern des 18. und frühen 19. Jahrhunderts verwendeten Anstriche entwickelt. Da man für diesen Effekt lediglich Farben auf Wasserbasis benötigt, ist er einfach zu erzielen und trocknet viel schneller als die bei der traditionellen Zugtechnik (siehe S. 62) verwendeten Ölfarben. Das Ergebnis ist jedoch ebenso ansprechend. Da diese Technik nicht so genau ausgeführt werden muß wie das Ziehen von Lasuren auf Ölbasis, kann die Lasur horizontal, vertikal oder diagonal gezogen werden. Alles, was man braucht, ist ein großer Flächenstreicher. Ein weiterer Vorteil dieser Technik ist, daß man sie auch für nicht perfekte Flächen verwenden kann. Die wasserlösliche Lasur ist dünner und der gewünschte Effekt nicht so präzise, daher sind kleinere Mängel kaum sichtbar. Größere Risse oder Löcher sollten jedoch ausgebessert werden, um das Ansammeln von Farbe an diesen Stellen zu vermeiden. Lockere Pinsellasuren sind strapazierfähig und dauerhaft und können auch zum Veredeln von Möbeln angewendet werden.

Dieses Zimmer wurde mit lockeren, vertikalen Pinselstrichen in einem warmen Grünton gestrichen, um die Wände optisch zu strecken. Auch wenn diese Technik auf traditionellen Maltechniken beruht, eignet sie sich doch hervorragend für eine Vielzahl moderner Räumlichkeiten.

GRUNDREZEPT – DUNKELGRÜN AUF MINZE

MATERIALIEN

Basisanstrich ▶ 1 Liter Vinylemulsion Weiß, matt / 2 EL Künstleracrylfarbe Viridiangrün / 1 EL Künstleracrylfarbe Brillantgrün

Lasuranstrich ▶ 500 ml Vinylemulsion Weiß, matt / 250 ml Acryllasurmittel (transparent) / 2 EL Künstleracrylfarbe Viridiangrün / 2 EL Künstleracrylfarbe Chromoxidgrün / 1 EL Künstleracrylfarbe Smaragdgrün / 300 ml Wasser

Zusätzlicher Schutzanstrich (bei Bedarf) ▶ 1 Liter Acrylklarlack, matt oder seidenmatt

ARBEITSGERÄTE

2 Behälter zum Mischen von Farbe und Lasur / 1 Flächenstreicher, 75 mm oder 1 Standardrolle mit Schale / 1 Flächenstreicher mit langen Borsten, 125 mm / alte Tücher / 1 Lackpinsel, 50 mm (bei Bedarf)

ANLEITUNG

Basisanstrich

1 Emulsion in einen Behälter gießen. Viridian- und Brillantgrün hinzufügen und gut verrühren.
2 Mit dem 75 mm-Pinsel (oder mit der Rolle) gleichmäßig auf die vorbehandelte Fläche auftragen (siehe S. 34) und 2–3 Stunden trocknen lassen.

Lasuranstrich

1 Emulsion in den zweiten Behälter gießen. Acryllasurmittel, Viridian-, Chromoxid- und Brillantgrün und (nach und nach) Wasser hinzufügen und gut verrühren.
2 Den 125 mm-Pinsel mit Lasur tränken und mit einzelnen, durchgehenden Strichen auftragen. Dabei von oben nach unten arbeiten und die Spuren leicht überlappen lassen.
3 Mit demselben Pinsel nochmals über die Fläche streichen, bis durch das Ziehen schwache Pinselspuren auftauchen.

Wichtig: Damit der Anstrich strapazierfähig wird, eine Lackschicht auftragen und 2–3 Stunden trocknen lassen.

❶ DUNKELGRÜN AUF MINZE
Die traditionellen Farben des Grundrezepts, jedoch mit diagonalen Pinselspuren als interessante Alternative. Der Anstrich wirkt aufgelockert und luftig.

❷ STEINGRAU AUF BLAU
Hier wurde eine blasse Lasur auf eine dunkelblaue Emulsionsfertigmischung aufgetragen. Die Pinselspuren verlaufen horizontal. Die Lasur enthält 2 EL Titanweiß, ½ EL Siena natur und ½ EL gelben Ocker.

❸ HELLES PINK AUF ROT
Dieses Beispiel mit vertikalen Pinselspuren erinnert an klassische Anstriche in der Zugtechnik. Die Lasur enthält 2 EL Titanweiß, 2 EL Kadmiumrot und ½ EL Krapprosa. Der Basisanstrich besteht aus dunkelroter Emulsionsfertigmischung.

EINFACHE FRESKEN

Dieses Verfahren erinnert an alte italienische Fresken, bei denen von den mittelalterlichen Malern eine Technik perfektioniert wurde, die darin bestand, mit wasserlöslichen Farben auf nassem Putz zu malen. Zum Glück muß die hier beschriebene Technik nicht auf frisch verputzten Wänden ausgeführt werden – sie wirkt nur so. Die größte Authentizität erreicht man mit Farben, die auch für echte Fresken verwendet wurden. Die Anstriche sind robust und strapazierfähig und eignen sich daher hervorragend für Wände und Decken in Küchen und Bädern. Dieser Effekt, der einen Raum älter wirken läßt, ist gleichzeitig der ideale Hintergrund für Schablonenmalereien.

GRUNDREZEPT – TERRAKOTTA AUF KORALLE

MATERIALIEN

Basisanstrich ► 1 Liter Vinylemulsion Weiß, matt / 2 EL Künstleracrylfarbe Venezianischrot / ½ EL Künstleracrylfarbe Siena natur
Lasuranstrich ► 500 ml Vinylemulsion Weiß, matt / 250 ml Acryllasurmittel (transparent) / 2 EL Künstleracrylfarbe Bronzeocker / 2 EL Künstleracrylfarbe Siena natur / ½ EL Künstleracrylfarbe Venezianischrot / 250 ml Wasser
Nachbehandlung des Anstrichs ► 1 Dose Kalkwachs, 500 ml / 50 g Schlämmkreide oder Kreidepulver

ARBEITSGERÄTE

2 Behälter zum Mischen von Farbe und Lasur / 1 Flächenstreicher, 75 mm / 1 harter Pinsel, 50 mm / Wegwerfhandschuhe / Tücher / Wasser zum Anfeuchten der Tücher / Sandpapier mittlerer Körnung

ANLEITUNG

Basisanstrich

1 Emulsion in einen Behälter gießen. Venezianischrot und Siena natur hinzufügen und gut verrühren.
2 Mit dem Flächenstreicher ungleichmäßig auf die vorbehandelte Fläche auftragen, 2–3 Stunden trocknen lassen.

Lasuranstrich

1 Emulsion in den anderen Behälter gießen. Acryllasurmittel, Bronzeocker, Siena natur, Venezianischrot und (nach und nach) Wasser hinzufügen und gut verrühren.
2 Lasur mit dem harten Pinsel auf den Basisanstrich auftragen, mit groben, ungleichmäßigen Pinselstrichen.
3 Handschuhe anziehen. Rasch ein Tuch ins Wasser tauchen und auswringen. Mit dem Tuch die Lasur mit kreisenden Bewegungen in den Basisanstrich reiben, dabei die Bewegung so oft wie möglich variieren. 1 Stunde trocknen lassen.

Nachbehandlung des Anstrichs

1 Fläche an einigen Stellen mit Sandpapier abschleifen.
2 Mit einem sauberen Tuch Kalkwachs an anderen Stellen einreiben.

Oben links: Das Gipsrelief von Dante wurde mit der Freskentechnik in den traditionellen Farben des Grundrezepts gestrichen. Das nachträgliche Einreiben von Schlämmkreide akzentuiert einzelne Partien des Reliefs.

3 Mit einem anderen sauberen Tuch ein wenig Schlämmkreide in die gewachsten Stellen reiben. Das schafft einen staubigen Effekt.

Wichtig: Wird größere Farbtiefe gewünscht, sollte das Lasieren und Schleifen vor Schritt 2 und 3 der Nachbehandlung des Anstrichs wiederholt werden.
Außenflächen: Für den Basisanstrich Mineralfarbe verwenden, abschließend matten Polyurethanlack auftragen.

❶ TERRAKOTTA AUF KORALLE
Das Grundrezept: Auf einer ebenen Malfläche wirkt die Farbkombination intensiver. Der opulente Stil dieses Anstrichs paßt zu neoklassischen Räumlichkeiten.

❷ KOBALTBLAU AUF STEINGRAU
Der Basisanstrich enthält 1 EL Siena natur und 1 EL Umbra gebrannt, die Lasur 3 EL Kobaltblau und 1 EL Preußischblau. Diese Farbkombination findet man häufig bei mittelalterlichen Fresken.

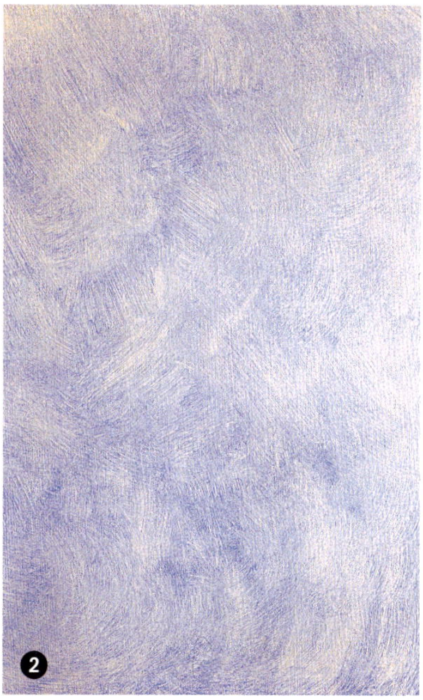

❸ GRÜN AUF STEINGRAU
Dies ist eine Variante mit modernen Farben. Der Basisanstrich enthält die gleichen Materialien wie das 2. Beispiel, die Lasur besteht aus 3 EL Leuchtgrün und 1 EL gelbem Ocker.

❹ LACHS AUF STEINGRAU
Freskenstil für moderne oder Stil-Interieurs. Der im 2. Beispiel verwendete Basisanstrich schwächt die Lasur aus 2 EL Krapprosa, ½ EL Titanweiß und ½ TL gelbem Ocker ab.

MEDITERRANE FARBEN

Wenn man an die Mittelmeerländer denkt, tauchen vor dem inneren Auge die wunderbaren gebleichten Farben der Häuser auf, deren Anstriche mit Farbmischungen und Techniken ausgeführt werden, die sich über Jahrhunderte hinweg entwickelt haben und meist für eine bestimmte Region oder ein bestimmtes Land typisch sind. In ärmeren Gegenden werden die Farben oft verdünnt und Milchpulver und Kreide als Zusatz zu teuren Pigmenten verwendet. Die außerordentliche Tiefe der Farben ergibt sich oft aus dem Übereinanderliegen vieler Farbschichten. Die folgenden Rezepte sind Nachahmungen der Farbpalette der Mittelmeerländer. Durch ungleichmäßiges Auftragen und starkes Schleifen entstehen die charakteristische Rauhheit und Farbtiefe. Die Anstriche eignen sich für viele Flächen, harmonieren aber naturgemäß am besten mit unebenen Putzwänden und strukturierten Flächen sowohl im Innen- als auch im Außenbereich.

GRUNDREZEPT – VENEZIANISCHES GRÜN

MATERIALIEN

Gessoanstrich ▶ 1 Liter Acrylgesso Weiß
Basisanstrich ▶ 1 Liter Vinylemulsion Weiß, matt
Lasur ▶ 500 ml Vinylemulsion Weiß, matt / 500 ml Acryllasurmittel (transparent) / 2 EL Künstleracrylfarbe Smaragdgrün / 2 EL Künstleracrylfarbe Brillantgrün / 1 EL Künstleracrylfarbe Kobaltgrün / ca. 200 ml Wasser
Zusätzlicher Schutzanstrich ▶ 1 Liter Acrylklarlack, matt

ARBEITSGERÄTE

3 Flächenstreicher, 75 mm / Behälter zum Mischen der Lasur / Tücher / Wegwerfhandschuhe / 1 Lackpinsel, 50 mm (bei Bedarf)

ANLEITUNG

Gessoanstrich

Acrylgesso gut verrühren und ungleichmäßig (siehe S. 34) auf die gesamte vorbehandelte Fläche auftragen, um eine solide Struktur zu schaffen. 1 Stunde trocknen lassen.

Basisanstrich

Emulsion gut verrühren, gleichmäßig (siehe S. 34) auf den Gessoanstrich auftragen und 2–3 Stunden trocknen lassen.

Lasuranstriche

1 Emulsion in den Behälter gießen. Acryllasurmittel, Smaragd-, Brillant- und Kobaltgrün und unter Rühren (nach und nach) Wasser hinzufügen, bis die Konsistenz cremig, aber nicht zu dünnflüssig ist.
2 Die Hälfte der Lasur ungleichmäßig auftragen. An manchen Stellen dicker streichen, an anderen den Basisanstrich durchscheinen lassen.
3 Handschuhe anziehen. Mit einem Tuch die Lasur in den Untergrund reiben. Damit ein ungleichmäßiger Effekt entsteht, sollten manche Stellen stärker bearbeitet werden als andere. 2–3 Stunden trocknen lassen.
4 Mit der verbleibenden Lasur Schritt 2 und 3 wiederholen und nochmals 2–3 Stunden trocknen lassen.

Rechts: Ein wunderschöner, gelber Stiegenaufgang, der die Sonne direkt ins Haus führt. Gelb ist in Spanien, Italien und Frankreich bei der Dekoration von Innenräumen sehr beliebt. Für Gartenzimmer sehr geeignet, da das Grün der Pflanzen dadurch betont wird.

MEDITERRANE FARBEN

❶ VENEZIANISCHES GRÜN
Das Grundrezept: Diese Farbe sieht man oft in der Lagunenstadt. Bei allen Beispielen sieht man den weißen Untergrund durch, was den Anstrich authentischer macht. Hier wurde die grüne Lasur jedoch ein wenig abgeschliffen, damit der Grund noch stärker zum Vorschein kommt.

❷ TOSKANISCHES ORANGE
Dieser Orangeton, als Außenanstrich in Italien oft gesehen, paßt gut in eine Küche. Die Lasur enthält 2 EL gelben Ocker, 1 EL Umbra natur und ½ EL Kadmiumrot.

❸ PROVENZALISCHES PINK
Aus Südfrankreich: 3 EL Titanweiß, 1 ½ EL Krapprosa und ½ EL Magenta machen diesen Anstrich zu einer guten Wahl für ein Schlafzimmer oder ein Bad.

❹ ÄGÄISCHES BLAU
Dieser wunderbare Blauton, der an Griechenland erinnert, enthält 2 EL Ultramarin- und 1 EL Kobaltblau. Ideal für moderne Badezimmer.

Wichtig: Je mehr Arbeit man in diesen Anstrich steckt, desto authentischer wird er. Der Lasuranstrich sollte mehrmals wiederholt werden, der Basisanstrich muß jedoch teilweise sichtbar bleiben. Trockenes Lasieren (siehe S. 70) verstärkt den Effekt ebenso wie leichtes Abschleifen der getrockneten Lasur mit Sandpapier. Für größere Beanspruchung sollte noch eine Lackschicht aufgetragen werden.
Außenflächen: Für den Basisanstrich Mineralfarbe verwenden, abschließend matten Polyurethanlack auftragen.

ALTÄGYPTISCHE FARBEN

Dieser Anstrich ist ein Versuch, die bemerkenswerten Farbeffekte der altägyptischen Tempel und Grabstätten nachzuahmen. Den Handwerkern, die diese weichen, erdigen Ocker- und strahlenden Blautöne schufen, standen nur primitivste Materialien zur Verfügung. An den Flüssen wurde Lehm abgegraben, und Steine, darunter wertvolle Mineralien wie Lapislazuli, wurden in mühseliger Arbeit zermahlen und mit Wasser vermengt. In diesem Rezept werden die typischen Farben verwendet, jedoch braucht man zum Glück keinen Mörser für die Zubereitung. Spezielle Oberflächenbehandlungen und Antikisierungstechniken verleihen einen authentischen Effekt, der eine erstaunliche Wirkung erzielen kann.

GRUNDREZEPT – LAPISLAZULIBLAU AUF OCKER

MATERIALIEN

Basisanstrich ▸ 1 Liter Vinylemulsion Weiß, matt / 3 EL Künstleracrylfarbe gelber Ocker / 1 EL Künstleracrylfarbe Siena natur
Erster Lasuranstrich ▸ 250 ml Vinylemulsion Weiß, matt / 500 ml Acryllasurmittel (transparent) / 3 EL Künstleracrylfarbe Umbra gebrannt / 2 EL Künstleracrylfarbe Venezianischrot / 2 EL Künstleracrylfarbe gelber Ocker / 200 ml Wasser
Zweiter Lasuranstrich ▸ 500 ml Vinylemulsion Weiß, matt / 4 EL Künstleracrylfarbe Ultramarinblau / 2 EL Künstleracrylfarbe Kobaltblau / 150 ml Wasser
Nachbehandlung des Anstrichs ▸ 125 ml Äthylalkohol / 50 g Schlämmkreide oder Kreidepulver

ARBEITSGERÄTE

4 Behälter zum Mischen von Farbe und Lasur und für die Schlämmkreide / 3 Flächenstreicher, 75 mm / großer, gebrauchter, harter Pinsel / Wegwerfhandschuhe / Tücher / Wasser zum Befeuchten der Oberfläche / Sandpapier mittlerer Körnung

ANLEITUNG

Basisanstrich

1 Emulsion in einen der Behälter gießen. Gelben Ocker und Siena natur hinzufügen und gut verrühren.
2 Mit einem 75 mm-Flächenstreicher auf die vorbehandelte Fläche ungleichmäßig (siehe S. 34) auftragen und 2–3 Stunden trocknen lassen.

Erster Lasuranstrich

1 Emulsion in den zweiten Behälter gießen. Acryllasurmittel, Umbra gebrannt, Venezianischrot, gelben Ocker und (nach und nach) Wasser hinzufügen und gut verrühren.
2 Lasur mit dem zweiten 75 mm-Pinsel ungleichmäßig (siehe S. 34) auftragen, so daß der Basisanstrich durchscheint.
3 Mit dem harten, trockenen Pinsel rasch über die lasierte Fläche streichen (siehe S. 34). Auch hier mit ungleichmäßigen Pinselstrichen arbeiten – die Oberfläche soll »zerstört« und mehr vom Basisanstrich sichtbar werden. 1–2 Stunden trocknen lassen.

Oben: Diese ägyptische Maske wurde mit Emulsionsfertigmischung in dunklem Burgunderrot gestrichen, danach mit 2 EL Ultramarinblau und 1 EL Kobaltblau lasiert. Einige Stellen wurden abgeschliffen, um einen Antikeffekt zu erzielen. Zusätzlich aufgetragene Schlämmkreide macht das Ganze noch interessanter.

ALTÄGYPTISCHE FARBEN

❶ LAPISLAZULIBLAU AUF OCKER
Die Farben des Grundrezepts mit einem zusätzlichen Muster. Eine lockere Putzschicht wurde aufgetragen, danach wurde mit einem 2,5 cm breiten Lineal das Muster in den noch nassen Putz eingeschnitten. Die Trocknungszeit vor dem Anstrich betrug 24 Stunden.

❷ BURGUNDERROT AUF KORALLE
Der Basisanstrich besteht aus korallenfarbener Emulsionsfertigmischung. Die Lasur enthält 2 EL Kadmiumrot, ½ EL Umbra gebrannt und ¼ EL Dioxazin-Purpur. Dieser opulente Anstrich paßt gut zu Antiquitäten und Ornamenten im Ethnostil.

❸ OCKER AUF SAND
Intensive, erdige Farben, die gut in ein Wohn- oder Eßzimmer passen. Der Basisanstrich besteht aus 3 EL gelbem Ocker und ½ EL Eisenoxid; die Lasur enthält 3 EL gelben Ocker, ½ EL Eisenoxid und ½ EL Umbra natur.

Zweiter Lasuranstrich

1 Emulsion in den dritten Behälter gießen. Ultramarinblau, Kobaltblau und nach und nach Wasser hinzufügen und gut verrühren.

2 Nur die Spitze des dritten 75 mm-Pinsels eintauchen und die Lasur mit lockeren Pinselstrichen auftragen. Ziel ist ein ungleichmäßig deckender, »gewolkter« Anstrich. Die dunkelblaue Farbe wird also an manchen Stellen sehr dick aufgetragen, an anderen nur ganz leicht – an manchen Stellen sollen sowohl die erste Lasur als auch der Basisanstrich durchscheinen. 1–2 Stunden trocknen lassen. Soll die blaue Farbe noch tiefer werden, muß man diesen Arbeitsgang wiederholen.

Nachbehandlung des Anstrichs

1 Handschuhe anziehen. Ein Tuch in Äthylalkohol tauchen und die gesamte Fläche damit abwischen. Dadurch bricht die Farbe an manchen Stellen und hinterläßt dort nur einen dünnen Film. 2–3 Stunden trocknen lassen.

2 Schlämmkreide (oder Kreidepulver) in den vierten Behälter geben. Anstrich mit einem Tuch befeuchten, und mit demselben Tuch einen dünnen Schlämmkreidefilm auftragen. Dadurch wirkt der Anstrich wie gekalkt. 2–3 Stunden trocknen lassen.

3 Für weitere Antikisierungseffekte die Fläche ein wenig abschleifen, um die darunterliegenden Anstriche freizulegen.

Diese Wände wurden auf ähnliche Weise gestrichen wie hier beschrieben. Die satte Eisenoxidfarbe und der sehr stark auf alt getrimmte Anstrich eignen sich hervorragend als Hintergrund für die Vorhänge und die alten Möbel.

FALSCHER PUTZ

Dieser Anstrich, der aussieht wie alte Farbe auf rauhem Putz, wurde angeblich zum ersten Mal in französischen Cafés der siebziger Jahre gesehen. Der Effekt gebrochener Farbe wird mittels einer herkömmlichen Emulsionsbasis erzielt, auf die man eine Wachsschicht aufträgt, in die wiederum eine Mischung aus Schlämmkreide und Pulverpigmenten eingerieben wird. Dieses Rezept läßt sich mit dezenten Erdfarben verwenden, doch Experimentieren mit leuchtenden Farben macht mehr Spaß. Man darf jedoch nicht vergessen, daß Pigmentfarben außerordentlich stark sind, daher sollte man vor Beginn des Anstrichs die Farbmischung mehrmals testen. Will man sie mit mehr Schlämmkreide abtönen, muß die Farbe gut gemischt werden, damit sich keine unschönen Schlieren bilden. Dieser Anstrich wirkt am besten auf weißem Grund, jedoch kann der Basisanstrich auch farbig abgetönt werden: Dazu auf jeden Fall Acrylfarben verwenden! Falscher Putz paßt in neue oder alte Räume, und durch die gewachste Oberfläche läßt er sich leicht reinigen.

Mit diesem Effekt kann man Stuckverzierungen betonen. Hier wurde eine Deckenrosette durch Kadmiumgrün hervorgehoben.

GRUNDREZEPT – ULTRAMARINBLAU AUF WEISS

MATERIALIEN

Basisanstriche ▶ 2 Liter Vinylemulsion Weiß, matt
Nachbehandlung des Anstrichs ▶ 1 Dose weißes Wachs, 500 ml / 250 g Pulverpigment Ultramarinblau / 250 g Schlämmkreide oder Kreidepulver
Zusätzlicher Schutzanstrich ▶ 1 Liter matter Acrylklarlack

ARBEITSGERÄTE

1 Flächenstreicher, 75 mm oder Standardrolle mit Schale / Tücher / Schutzmaske / kleiner Behälter zum Mischen des Pigments / 1 Lackpinsel, 50 mm (bei Bedarf)

ANLEITUNG

Basisanstriche

Emulsion gut verrühren und mit dem Pinsel (oder der Rolle) zwei gleichmäßige Anstriche (siehe S. 34) auf die vorbehandelte Fläche auftragen. Jeweils 2–3 Stunden trocknen lassen.

Nachbehandlung des Anstrichs

1 Mit einem Tuch eine dicke, gleichmäßige Wachsschicht mit kreisförmigen Bewegungen auf den Basisanstrich reiben.
2 Schutzmaske aufsetzen. Ultramarinblau und Schlämmkreide in den Behälter geben und gut mischen.
3 Mit einem anderen Tuch diese Mischung rasch in die Wachsschicht reiben, dabei senkrecht von oben nach unten arbeiten, um einen gebrochenen Farbeffekt zu erzielen. Vollständig trocknen lassen (2–3 Stunden).

Wichtig: Wird ein mehrfarbiger Effekt gewünscht: Nachbehandlung mit einer anderen Farbe wiederholen. Für strapazierfähigen Anstrich eine Lackschicht auftragen.
Außenflächen: Wachspolitur auf den falschen Putz auftragen und mit seidenmattem Polyurethanlack abschließen.

❶ ULTRAMARINBLAU AUF WEISS
Das Grundrezept: Diese intensive Farbe ist ideal für Bäder, wo die wischfesten Oberflächen von falschem Putz besonders nützlich sind.

❷ PINK AUF WEISS
Hier kommen für den falschen Putz gleich drei verschiedene Pulverpigmente zum Einsatz: 125 g Alizarinkarmesin und 100 g Magenta, verstärkt durch 25 g Ultramarinblau. Die Basisanstriche entsprechen dem Grundrezept.

❸ OCKER AUF WEISS
Dieses Beispiel veranschaulicht den Effekt, den reines Pigment von gelbem Ocker hat (Menge wie beim Grundrezept). Diese Ausführung kommt in traditionellen Räumen sehr gut zur Geltung. Die Basisanstriche entsprechen dem Grundrezept.

Links: Eine lockere rote Pinsellasur auf rotem Grund wirkt sehr beeindruckend. Dieser Effekt (siehe S. 74), der aus der im Frankreich des 18. Jahrhunderts entstandenen Zugtechnik entwickelt wurde, und die Wahl der Farben unterstreichen in geschmackvoller Weise die schweren Türen und edlen Paneele dieses antik eingerichteten Hauses.

Oben: Für diesen Freskeneffekt (siehe S. 76) wurden Umbra und Sandtöne verwendet. Der an der Wand angebrachte Schriftzug verleiht einen künstlerischen Touch.

Links: Hier wurde ein Gessogrund mit mehreren Farben lasiert (siehe S. 52). Eine abschließende Leimschicht dient als Versiegelung. Die dunkleren Farben im unteren Teil lassen den Raum gediegener wirken.

Rechts: Ein großartiges Beispiel für eine moderne Ausführung mit auffälligen Pigmentfarben und falschem Putz (siehe S. 84).

ABGESCHLIFFENER PUTZ

Diese Technik ist eine weitere Methode, einen neuen Anstrich auf alt zu trimmen. Das einfache, traditionelle Aussehen ist von den locker gestrichenen Wände nicht restaurierter, kleiner Landhäuser des späten 19. und frühen 20. Jahrhunderts inspiriert. Da Zeit und Geld knapp waren, überstrichen die Bewohner den alten Anstrich direkt mit neuer Farbe, wann immer sie eine Veränderung wünschten. Damit man länger mit der Farbe auskam, trug man sie nur sparsam auf und verdünnte sie manchmal mit Wasser.

Um dieses Aussehen zu imitieren werden kontrastreiche Lasuren mit Schlämmkreide oder Kreidepulver vermengt, der Anstrich wird mit einem harten Pinsel locker aufgetragen und danach mit Sandpapier abgeschliffen. Der Effekt ist ähnlich dem Kalken (siehe S. 68), aber weicher. Als Farbkombinationen eignen sich zarte, unauffällige Pastelltöne, welche der Fläche Tiefe und Reiz verleihen.

Abgeriebener Putz ist ein vielfältiger Effekt, der gut in Küchen paßt. Probieren Sie diesen Effekt aus, wenn Sie das Glück haben, ein altes, gußeisernes Bad zu besitzen. Diese Ausführung ist anspruchslos und profitiert von ihrem alten Charakter, daher stört es nicht, wenn man sie abnützt.

GRUNDREZEPT – AQUAMARINBLAU AUF HELLEM PINK

MATERIALIEN

Basisanstrich ▶ 1 Liter Vinylemulsion Weiß, matt
Erste Farbe ▶ 250 ml Vinylemulsion Weiß, matt / 125 ml Künstleracrylfarbe Krapprosa / 100 g Schlämmkreide oder Kreidepulver / 125 ml Wasser
Zweite Farbe ▶ 250 ml Vinylemulsion Weiß, matt / 4 EL Künstleracrylfarbe Türkisblau / 2 EL Künstleracrylfarbe Hellgrün / 1 EL Künstleracrylfarbe Kobaltblau / 100 g Schlämmkreide oder Kreidepulver / 125 ml Wasser
Zusätzlicher Schutzanstrich ▶ 1 Liter matter Acrylklarlack

ARBEITSGERÄTE

1 Flächenstreicher, 75 mm oder 1 Standardrolle mit Schale / 2 Behälter zum Mischen der Farbe / 2 harte Pinsel, 75 mm / Wegwerfhandschuhe / Sandpapier mittlerer Körnung / 1 Lackpinsel, 50 mm (bei Bedarf)

ANLEITUNG

Basisanstrich

Emulsion gut verrühren, mit dem 75 mm-Pinsel (oder der Rolle) gleichmäßig auf die vorbehandelte Fläche auftragen (siehe S. 34) und 2–3 Stunden trocknen lassen.

Erste Farbe

1 Emulsion in einen Behälter gießen, Krapprosa, Schlämmkreide und unter Rühren nach und nach Wasser hinzufügen.
2 Mit einem harten Pinsel ungleichmäßig (siehe S. 34) auf den Basisanstrich auftragen, 2–3 Stunden trocknen lassen.
3 Handschuhe anziehen und mit dem Sandpapier die Fläche leicht abreiben, bis der Basisanstrich teilweise sichtbar wird.

Zweite Farbe

1 Emulsion in den zweiten Behälter gießen. Türkis, Grün, Kobaltblau und Schlämmkreide (oder Kreidepulver) hinzufügen

❶ AQUAMARINBLAU AUF HELLEM PINK
Das Grundrezept: Sehr ansprechender gewolkter, alt wirkender Anstrich, passend für Bade- oder Schlafzimmer.

❷ HELLES GRÜN AUF OLIVGRÜN
Die erste Farbe ist eine dunkle olivgrüne Fertigmischung, die zweite besteht aus 250 ml weißer, matter Vinylemulsion, gemischt mit 1 EL Viridiangrün. Die Mengenangaben für Schlämmkreide und Wasser entsprechen dem Grundrezept.

❸ CREME AUF GELB
Eine helle Ausführung für Küche, Wohn- oder Eßzimmer. Der erste Farbanstrich enthält 2 EL Kadmiumgelb, der zweite Anstrich ½ EL Umbra natur.

❹ WARMES GRAU AUF WEISS
Sanfte Farben für moderne oder alte Räume. Der erste Anstrich ist reinweiß, der zweite enthält 2 EL Grau neutral und ½ EL gelben Ocker.

und gut vermischen. Dann unter ständigem Rühren nach und nach Wasser hinzufügen.

2 Mit dem zweiten harten Pinsel Farbe auf den ersten Anstrich ungleichmäßig auftragen (siehe S. 34) und 2–3 Stunden trocknen lassen.

3 Fläche gut abschleifen; dabei sollen sowohl die erste Farbe als auch der Basisanstrich teilweise freigelegt werden.

Wichtig: Damit der Anstrich strapazierfähig wird, eine Lackschicht auftragen und 2–3 Stunden trocknen lassen.

Außenflächen: Für den Basisanstrich Mineralfarbe verwenden, abschließend matten Polyurethanlack auftragen.

Abgeschliffener Putz beweist in diesem Wohnzimmer seine Vielfältigkeit. Die Kombination von Eau de Nil und Weiß erinnert an Wedgwood und paßt hervorragend zu den alten Möbeln und Bildern.

WANDFRIESE

Die Tradition, Friese zu malen, wurde lange vernachlässigt, ist aber eine interessante Möglichkeit, Wände zu verschönern und zu beleben. Die meist in Sessel- oder Bilderhöhe angebrachten Friese können als dominierendes Gestaltungselement eingesetzt werden, indem sie helfen, die Dimensionen eines Raumes optisch zu verändern, oder nur eine Farbkombination effektvoll unterstützen. Einen großen Raum mit Schablonenmalereien zu verschönern bedeutet auch einen unglaublichen Arbeitsaufwand, der sogar den fleißigsten Heimdekorateur zum Aufgeben zwingen kann.

Im Vergleich dazu können handgemalte Friese ganz individuell gestaltet werden. Man kann jedes Muster auswählen und auch selbst entscheiden, ob man eine einfache oder kompliziertere Ausführung anwendet. Ganz einfache Friese passen gut zum Ethnostil, ornamentale Versionen dagegen veredeln jedes Stil-Interieur. Schlichte Freihandmotive finden sich in den bäuerlichen Kulturen Mexikos, Spaniens sowie Griechenlands seit Generationen und können, ebenso wie raffiniertere Ideen, entsprechenden Kunstbüchern entnommen und den eigenen Vorstellungen angepaßt werden. Ich ließ mich beispielsweise von dem holländischen Maler Piet Mondrian inspirieren, und so entstand der Fries mit Farbblöcken des zweiten Beispiels und danach durch Abwandlung das Schottenmuster.

GRUNDREZEPT – EINFACHE STREIFEN

MATERIALIEN

Denimblauer Streifen ▸ 250 ml Vinylemulsion Weiß, matt / 2 EL Künstleracrylfarbe Ultramarinblau / 1 EL Künstleracrylfarbe Preußischblau / ½ EL Künstleracrylfarbe Grau neutral

Burgunderrote Streifen ▸ 250 ml Vinylemulsion Weiß, matt / 3 EL Künstleracrylfarbe Kadmiumrot / 1 EL Künstleracrylfarbe Umbra gebrannt / ½ EL Künstleracrylfarbe Ultramarinblau

ARBEITSGERÄTE

Maßstab / Winkel / Bleistift / 2,5 cm breites Abdeckband / Tuch / 2 Behälter zum Mischen der Farbe / große und kleine Schablonenpinsel / weicher Radiergummi

ANLEITUNG

Planung des Frieses

1 Friese werden immer nach Fertigstellung der restlichen Fläche gemalt, müssen jedoch bereits, bevor die Wand gestrichen wird, auf der vorbehandelten Fläche markiert werden. Zuerst den Abstand zwischen der Fußleiste und der gewünschten Höhe messen und mit Hilfe von Maßstab und Winkel in regelmäßigen Abständen Markierungen an der Wand anbringen. Danach mit dem Maßstab eine horizontale Linie ziehen, die alle Markierungen verbindet.

2 In einem Abstand von 2,5 cm über der ersten Linie eine zweite Linie auf gleiche Weise ziehen, darüber eine dritte (Abstand wieder 2,5 cm).

3 Eine vierte Linie 10 cm über der dritten ziehen.

4 Die fünfte Linie 2,5 cm über der vierten und die sechste und letzte Linie wiederum 2,5 cm über der fünften ziehen.

Ein bezaubernder handgemalter Fries mit starkem mexikanischem Einschlag in einem Haus in Kalifornien. Er wurde auf einer grob strukturierten Oberfläche aufgetragen und danach leicht abgeschliffen, um ein authentisches Aussehen zu erzielen.

Blauer Streifen

1 Mit dem Abdeckband die 2,5 cm breiten Streifen unmittelbar unter- und oberhalb des breiteren (blauen) Streifens abdecken. (Vor der Verwendung das Abdeckband auf ein Tuch drücken, um einen Teil des Klebers zu entfernen, damit beim Abnehmen keine Farbe kleben bleibt.)

2 Emulsion in einen Behälter gießen. Ultramarin-, Preußischblau und Grau neutral hinzufügen und gut verrühren.

3 Nur die äußerste Spitze des großen Schablonenpinsels eintauchen und die Farbe kräftig auf die zwischen den Abdeckbändern freigelassene Fläche stupfen (siehe S. 35). Dabei achtgeben, daß keine Farbkleckse auf die restliche Wand gelangen. 1 Stunde trocknen lassen.

Burgunderroter Streifen

1 Mit Abdeckbändern auch die Flächen unmittelbar über dem oberen und unter dem unteren Streifen abdecken.

2 Emulsion in den anderen Behälter gießen. Kadmiumrot, Umbra gebrannt und Ultramarinblau einrühren.

3 Mit dem kleineren Schablonenpinsel Farbe auf die beiden schmalen Streifen stupfen, dabei nicht über die Abdeckbänder hinausgehen. 1 Stunde trocknen lassen und danach alle Bänder vorsichtig abnehmen.

4 Noch sichtbare Bleistiftstriche vorsichtig ausradieren.

❶ EINFACHE STREIFEN
Das Grundrezept: Der durch Stupfen erzeugte gebrochene Effekt schwächt die Härte der Streifen ab und stellt eine gelungene Ergänzung des blauen Wandanstrichs dar. Friese können in beliebiger Höhe und Länge angebracht werden. Man sollte jedoch darauf achten, daß im ganzen Raum die Friese in einer Linie verlaufen.

❷ STREIFEN UND QUADRATE
Für die blauen Quadrate wurden die Mengenangaben des Grundrezepts halbiert und für die gelben 2 EL gelber Ocker zu 125 ml weißer, matter Vinylemulsion hinzugefügt. Je 10 cm des breiten Streifens abdecken, die Ockerfarbe aufstupfen und 1 Stunde trocknen lassen. Danach die Ockerquadrate abdecken und die blaue Farbe aufstupfen.

❸ SCHOTTENMUSTER
Ein Gitter mit burgunderroten und waldgrünen Horizontal- und Vertikalstreifen – 2 EL Saftgrün und ½ EL Umbra gebrannt auf 125 ml weiße Emulsion. Zuerst wurden schmale Vertikallinien gestupft, danach die Horizontallinien, zuletzt die breiteren Vertikallinien. Darauf achten, daß alle Farben vollständig trocken sind, bevor man sie abdeckt oder übermalt.

STEINBLOCKTECHNIK

Mit Hilfe dieser Imitationstechnik wird ein Zimmer, Vorraum oder Eingangsbereich beeindruckend und interessant. Die Herstellung der Fugen und Schatten der »Steinblöcke« ist zwar ein langwieriger Prozeß, bei dem verschiedene Techniken – Stupfen, Ädern und dekorative Malerei – kombiniert werden. Mit den richtigen Utensilien ist dieser Effekt allerdings relativ einfach zu erzielen. Es empfiehlt sich, zuerst nach geeigneten Anregungen zu suchen, da der Effekt authentischer wird, wenn man sich an echte Vorlagen hält. Auch sollte man darauf achten, die für den Raum passende Größe der Steinblöcke auszuwählen.

GRUNDREZEPT – TRADITIONELLE METHODE AUF WASSERBASIS

MATERIALIEN

Basisanstrich ▸ 1 Liter Vinylemulsion Weiß, matt / 3 EL Künstleracrylfarbe Umbra gebrannt

Mittelhelle Lasur ▸ 250 ml Vinylemulsion Weiß, matt / 125 ml Acryllasurmittel (transparent) / 2 EL Künstleracrylfarbe Umbra natur / 1 EL Künstleracrylfarbe gelber Ocker / 150 ml Wasser

Dunkle Lasur ▸ 250 ml Vinylemulsion Weiß, matt / 125 ml Acryllasurmittel (transparent) / 3 EL Künstleracrylfarbe Umbra natur / 1 EL Künstleracrylfarbe Siena natur / 150 ml Wasser

Helle Lasur ▸ 250 ml Vinylemulsion Weiß, matt / 125 ml Acryllasurmittel (transparent) / 1 EL Künstleracrylfarbe Umbra natur / 150 ml Wasser

Ädern ▸ 250 ml Acryllasurmittel / 2 EL Künstleracrylfarbe Grau neutral / 100 ml Wasser

Schatten ▸ 3 EL Künstleracrylfarbe Umbra gebrannt / 1 EL Wasser

Zusätzlicher Schutzanstrich ▸ 1 Liter matter Acrylklarlack

ARBEITSGERÄTE

5 große und 1 kleiner Behälter zum Mischen von Farbe und Lasur / 1 Flächenstreicher, 75 mm / T-Schiene / Lineal / Bleistift / Abdeckband, 12 mm / Tuch / weicher Radiergummi / 3 Flächenstreicher, 50 mm / Stupfpinsel oder Tapezierbürsten in verschiedenen Größen / kleiner Naturschwamm / Wasser zum Befeuchten des Schwamms / flacher Künstlerpinsel / 1 Lackpinsel, 50 mm (bei Bedarf)

❶ TRADITIONELLE STEINBLOCKTECHNIK Das Grundrezept: Besonders interessant sind die schmalen Schattenlinien zwischen den Blöcken, die per Hand eingefügt werden, um den dreidimensionalen Effekt zu verstärken (in diesem Beispiel ist die angenommene Lichtquelle rechts oben). Die sichtbaren Stellen des Basisanstrichs wirken aufhellend.

Ein ungewöhnliches Beispiel für die Anwendung der Steinblocktechnik. In diesem Stilbadezimmer entsteht der Eindruck abgeschrägter Steinblöcke, ausgelöst durch die raffinierte Licht-Schatten-Konstellation.

ANLEITUNG

Basisanstrich

1 Emulsion in einen Behälter gießen. Umbra gebrannt hinzufügen und gut verrühren.

2 Mit dem 75 mm-Flächenstreicher Farbe gleichmäßig (siehe S. 34) auf die vorbehandelte Fläche auftragen.

Markieren der Blöcke

1 Mit der T-Schiene und dem Lineal die Blöcke mit einem dünnen Bleistiftstrich an der Wand vorzeichnen.

2 Die einzelnen Blöcke mit dem Abdeckband abgrenzen. Darauf achten, daß das Band zu den Linien bündig ist, damit die Blöcke gleich groß werden. Dazu das Band durchgehend entweder über oder unter den Linien anbringen. (Band vorher auf ein Tuch drücken, um Kleber teilweise zu entfernen.)

3 Bleistiftstriche vorsichtig ausradieren, dabei das Band nicht beschädigen. (Auf Bleistiftstrichen haftet Farbe nicht gut.)

Mittelhelle Lasur

1 Emulsion in einen anderen Behälter gießen. Acryllasurmittel, Umbra natur, gelben Ocker und nach und nach Wasser hinzufügen und gut verrühren.

2 Mit einem 50 mm-Flächenstreicher Lasur gleichmäßig auf die gesamte Fläche auftragen, dabei eine Blockreihe nach der anderen von oben nach unten bearbeiten.

3 In einem zweiten, von oben nach unten verlaufenden Arbeitsgang die Lasur mit dem Stupfpinsel rasch abstupfen (siehe S. 35), dabei eher aus dem Handgelenk arbeiten als mit dem ganzen Arm – das ist weniger ermüdend und macht den Anstrich weicher. Effekt durch Drehen des Handgelenks und verschieden große Pinsel variieren. Die Lasur 1–2 Stunden trocknen lassen.

Dunkle Lasur

1 Emulsion in den dritten Behälter gießen. Acryllasurmittel, Umbra natur, Siena natur und nach und nach Wasser hinzufügen und gut verrühren.
2 Mit einem anderen 50mm-Flächenstreicher Lasur auf die gesamte Fläche auftragen und stupfen, diesmal in horizontalen Reihen arbeiten. 1–2 Stunden trocknen lassen.

Helle Lasur

1 Emulsion in den vierten Behälter gießen. Acryllasurmittel, Umbra natur und Wasser hinzufügen und gut verrühren.
2 Mit dem dritten 50mm-Flächenstreicher Lasur auf dieselbe Weise, wieder in horizontaler Richtung, auftragen und stupfen. 1–2 Stunden trocknen lassen.

Ädern

1 Acryllasurmittel in den fünften Behälter gießen. Grau neutral und nach und nach Wasser hinzufügen, gut verrühren.
2 Mit dem feuchten, sauberen Schwamm auf der Fläche kurze, weiche diagonale Linien ziehen. Da jeder Block getrennt erscheinen soll, die Äderung nicht über das Abdeckband malen. ½ Stunde trocknen lassen, danach das Abdeckband vorsichtig entfernen.

Schatten

1 Umbra gebrannt in den kleinen Behälter geben und Wasser nach und nach unter Rühren hinzufügen.
2 Vor dem Malen der Schatten muß man entscheiden, ob die Lichtquelle rechts oder links von der bearbeiteten Fläche sein soll – nach Möglichkeit wählt man als Lichtquelle ein Fenster. Die Fuge zwischen zwei Blöcken wird teilweise dunkel und teilweise hell.
3 Befindet sich die Lichtquelle links, erscheint die rechte Seite jedes vertikalen Zwischenraums hell, ebenso wie der untere Teil jeder horizontalen Fuge (siehe S. 94). Mit dem Künstlerpinsel einen Schatten auf die linke Hälfte aller vertikalen Fugen und die obere Hälfte aller horizontalen Fugen malen.

Befindet sich die Lichtquelle auf der rechten Seite, erscheinen Licht und Schatten der vertikalen Fugen umgekehrt. Bei den horizontalen Fugen bleibt der Schatten gleich – sofern die Lichtquelle oben ist. ½ Stunde trocknen lassen.

Wichtig: Mittels einer Lackschicht (2–3 Stunden trocknen lassen) wird der Anstrich strapazierfähig.

ABGEBLÄTTERTER PUTZ

Es mag widersinnig erscheinen, einer frisch verputzten Wand absichtlich ein Aussehen zu geben, als würden Farbe und Putz abblättern. Dennoch hat diese Atmosphäre des Zerfalls und der Dekadenz für viele einen ausgesprochenen *Fin-de-siècle*-Charme. Bei Verwendung eines kontrastierenden Basisanstriches kann der Effekt wirklich verblüffend sein. Die Auswirkungen sollte man sich jedoch vorher genauestens überlegen. Man muß zwar kein Experte sein, doch ein wenig Geschicklichkeit ist schon erforderlich. Will man hingegen einen Raum verschönern, in dem die Wände bereits reparaturbedürftigen Putz aufweisen, kann ein farbiger Basisanstrich in den aufgebrochenen Bereichen, kombiniert mit einfachem Einfärben, eine aufregende Lösung darstellen.

GRUNDREZEPT – GOLD AUF GRÜN

MATERIALIEN

Basisanstriche ▸ 2 Liter Fertigmischung Vinylemulsion Meergrün, matt
Versiegelung ▸ 1 Liter PVA-Binder oder weißer Leim / 750 ml Wasser
Putz ▸ 1 Dose Möbelwachs (klar) 500 ml / 1 kg Allzweckputz / Wasser
Einfärbung ▸ 125 ml PVA-Binder oder weißer Leim / 50 g Pulverpigment gelber Ocker / 50 g Pulverpigment Umbra gebrannt / 50 g Pulverpigment Siena natur / 4 EL Wasser

ARBEITSGERÄTE

4 Flächenstreicher, 75 mm oder 3 Flächenstreicher und 1 Standardrolle mit Schale / Abdecktücher / 3 Behälter zum Mischen von Farbe und Versiegelung / Wegwerfhandschuhe / Reibebrett / Hammer oder Hackmeißel / Spachtel / Sandpapier mittlerer Körnung / Tücher

ANLEITUNG

Basisanstriche

Mit einem Pinsel (oder der Rolle) zwei gleichmäßige Anstriche (siehe S. 34) auf die vorbehandelte Fläche auftragen.

Versiegelung

1 Boden und umgebende Flächen mit Tüchern abdecken.
2 PVA-Binder (oder weißen Leim) in einen Behälter gießen und unter Rühren nach und nach Wasser hinzufügen.
3 Handschuhe anziehen. Mit einem Pinsel Versiegelung auf den Basisanstrich auftragen, 3 Stunden trocknen lassen.

Verputzen

1 Mit einem anderen Pinsel Möbelwachs auf die Stellen auftragen, die später abblättern sollen. Es empfiehlt sich, einen groben Plan anzufertigen, um die gewachsten Stellen bei der späteren Wandbehandlung wiederzufinden.
2 Bevor das Wachs trocknet, in einem anderen Behälter, entsprechend den Herstellerhinweisen, den Putz mit Wasser anrühren und mit Hilfe des Reibebretts in weiten Schwüngen eine dünne Schicht auf die gesamte Fläche auftragen. Auch der Putz trocknet rasch, daher eventuelle Unebenheiten mit Wasser anfeuchten und sofort ausgleichen. 24 Stunden trocknen lassen.

❶ GOLD AUF GRÜN
Bei dem auffälligen Kontrast des Grundrezepts wird mit den Erdtönen der Einfärbung der meergrüne Basisanstrich abgeschwächt. Bei allen drei Beispielen wurden die Übergänge stark abgeschliffen, damit sie sich harmonisch einfügen.

❷ PINK AUF TERRAKOTTA
Für diese moderne Variation verwendet man Terrakotta-Fertigmischung für den Basisanstrich, die Einfärbung wird lediglich mit 25 g Alizarinkarmesin-Pulverpigment getönt.

❸ PUTZ AUF BLAU
Hier wurde die obere Putzschicht nur mit einem PVA-Binder gestrichen, was den Effekt viel weicher macht. Der leuchtende Basisanstrich besteht aus himmelblauer Fertigmischung. Möglicherweise eine gute Lösung für ein Badezimmer.

Hier wurde mit Hilfe von künstlich abgeblättertem und gefärbtem Putz eine unkonventionelle Atmosphäre in einem Raum mit antiken Möbeln und modernen Accessoires geschaffen.

Nachbehandlung des Putzes

1 Mit dem Hammer (oder dem Hackmeißel) vorsichtig auf die abzubrechenden Stellen klopfen, bis der Putz springt. Dabei den vorher gezeichneten Plan zu Hilfe nehmen.
2 Die gesprungenen Teile vorsichtig abnehmen. Für schwieriger zu entfernende Teile die Spachtel verwenden.
3 Die aufgebrochenen Stellen mit Sandpapier bearbeiten und die Ränder mit einem Tuch reinigen.

Einfärbung

1 Den PVA-Binder in einen dritten Behälter gießen. Gelben Ocker, Umbra gebrannt, Siena natur und nach und nach Wasser hinzufügen und gut verrühren.
2 Mit einem anderen Pinsel auf die neu verputzten Stellen ungleichmäßig auftragen. 2–3 Stunden trocknen lassen.

Wichtig: Mit derselben Mischung kann man neuen Putz einfärben – es gibt eine große Auswahl an Pulverpigmenten.

STRUKTURIEREN

Es gibt viele verschiedene Methoden, um einem Anstrich Struktur zu verleihen. Für stärkere Effekte kann man Sägemehl verwenden, für feinere Schlämmkreide – in den folgenden Beispielen wurde feiner Sand dem Basisanstrich beigegeben, wodurch eine mittelgrobe Struktur entsteht. Der augenscheinlichste Vorteil des Strukturierens ist natürlich der Umstand, daß sich damit die Unzulänglichkeiten einer Wand verbergen lassen. Aber auch glatte Flächen können dadurch gewinnen. Die hier gezeigten Beispiele haben allesamt einen weißen Basisanstrich, da der Effekt dadurch besser zur Geltung kommt. Man kann die Emulsion jedoch auch abtönen, bevor man den Sand dazugibt. Ein lohnender Versuch wäre die Strukturierung von Gartendekoration: Statuen und Töpfe bekommen ein antikes Aussehen, wenn ein strukturierter Anstrich unter einem Rost-, Grünspan- oder Bleiimitationsanstrich aufgetragen wird (siehe S. 160–165).

Strukturierte Anstriche für innen und außen: Eine Kombination von auffälligen, modernen Farben und Oberflächenstruktur verleihen diesem schlichten mexikanischen Haus einen besonderen Touch.

GRUNDREZEPT – GELBER OCKER AUF WEISS

MATERIALIEN

Basisanstrich ▸ 1 Liter Vinylemulsion Weiß, matt / 250 g Feinsand

Lasur ▸ 250 ml Vinylemulsion Weiß, matt / 250 ml Acryllasurmittel (transparent) / 2 EL Künstleracrylfarbe gelber Ocker / 1 EL Künstleracrylfarbe Siena natur / 150 ml Wasser

Zusätzlicher Schutzanstrich ▸ 1 Liter matter Acrylklarlack

ARBEITSGERÄTE

2 Behälter zum Mischen von Farbe und Lasur / 2 Flächenstreicher, 75 mm / 1 Lackpinsel, 50 mm (bei Bedarf)

❶ GELBER OCKER AUF WEISS
Die Farben des Grundrezepts in unterschiedlicher Strukturierung ober- und unterhalb einer Wandschiene. Damit die Struktur ausgeprägter wird, wurde dem Basisanstrich unterhalb der Schiene mehr Sand (360 g) beigegeben.

❷ HELLES GRAU AUF WEISS
Dieses Beispiel zeigt, wie fein eine Strukturierung werden kann. Ein wenig Feinsand (115 g) wurde zum Basisanstrich gegeben, um eine ganz zarte Struktur zu erzeugen. Die Lasur enthält 2 EL Grau neutral und ½ EL Magenta.

❸ ROSÉ AUF WEISS
Eine intensive Farbe für moderne Räume: Die Lasur enthält 3 EL Magenta und 1 EL Kadmiumrot, abgeschwächt durch ½ EL Umbra gebrannt. Auch hier wurden 360 g Sand für eine grobe Struktur dem Basisanstrich beigegeben.

ANLEITUNG

Basisanstrich

Emulsion in einen Behälter gießen. Unter Rühren Sand hinzufügen. Auf die vorbehandelte Fläche auftragen.

Lasur

1 Emulsion in den anderen Behälter gießen. Acryllasurmittel, gelben Ocker, Siena natur und Wasser hinzufügen, mischen.
2 Ungleichmäßig (siehe S. 34) auf den Basisanstrich auftragen. Lasur mehrmals bearbeiten, dabei den Basisanstrich teilweise durchscheinen lassen. 2–3 Stunden trocknen lassen.

Wichtig: Falls man eine strapazierfähige Oberfläche wünscht, eine Lackschicht auftragen und 2–3 Stunden trocknen lassen.
Außenflächen: Für den Basisanstrich strukturierte Mineralfarbe (kein Sand erforderlich) verwenden und abschließend matten Polyurethanlack auftragen.

HOLZTECHNIKEN

Mit Farbanstrichen auf Holz lassen sich authentische wie auch Phantasieeffekte erzielen. Die Wahl der Farbe ist dabei der entscheidende Faktor. Mit Hilfe von selbst angefertigten Farbmischungen kann man z.B. Möbel und Einrichtungsgegenstände farblich perfekt aufeinander abstimmen und dabei individuelle Farbzusammenstellungen kreieren. Auch Beizen, eine beliebte und einfache Technik für die Behandlung von Holz, kann Erstaunliches bewirken, denn mit wasserlöslichen Farben lassen sich hellere, zartere Farbtöne mischen, als im Handel erhältlich sind. Dasselbe gilt für die Waschtechnik, die ebenso viel mehr Möglichkeiten bietet, wenn man die Farben selbst mischt.

Oben: Dieser alte, ausgebleichte Effekt wird gewöhnlich durch einfaches Kalken erzeugt. Kalkwachs auftragen, 30 Minuten aushärten lassen und abschleifen. Alternativ dazu kann man eine Lasur auftragen, die diesen Antikeffekt erzeugt, 10 Minuten trocknen lassen und danach abschleifen.

Umgekehrt ist auch natürliches, unbehandeltes Holz – sei es in Form von Paneelen oder antiken und rustikalen Möbeln – äußerst dekorativ, und es ist eine Freude, wenn man feststellt, daß das Aussehen des authentischen, natürlich gealterten Holzes alter Stilmöbel einfach imitiert werden kann. Bei Altwarenhändlern und auf Sperrmülldeponien finden sich häufig interessante Stücke, die sich auf diese Weise veredeln lassen.

Mit Hilfe von Maltechniken kann man auch neues Holz alt aussehen lassen. Das ist bei Stileinrichtungen ein wichtiger Punkt, da neues Holz dort oft unpassend wirkt. Durch Antikisieren von Stiegen, Geländern, Böden und Bilderrahmen kann man jedem Heim einen alten, wohnlichen Touch

Rechts: Alte Farbe auf Holz, die abblättert und rissig wird (siehe S. 128): Ein gutes Beispiel für einen Effekt, der Atmosphäre in alten Räumen schafft. Hier betonen zarte Grüntöne die rohe Ziegelwand.

verleihen. Dabei ist es wichtig zu beachten, daß Form und Grad der Antikisierung an die natürliche Abnutzung des Holzes angepaßt werden muß, damit der Effekt authentisch ist. Zur künstlichen Erzeugung von Patina gibt es mehrere einfache Methoden. Eine der einfachsten besteht darin, an exponierten Stellen eine Lasur aufzutragen, die um eine Nuance dunkler als die Originalfarbe ist, um die natürliche Ansammlung von Staub und Schmutz zu imitieren. In großen Räumen kann man dunkle Holzfarben verwenden, in kleineren empfiehlt es sich, bei helleren Farben zu bleiben.

Holzanstriche sind auch ideal in Küchen. Eine neue Küche ist immer teuer, man kann jedoch preisgünstiges Holz verwenden und mit Hilfe von Maltechniken zu einem Bruchteil der Kosten eine exklusive Küche schaffen oder eine bereits bestehende komplett umgestalten und wie neu – oder alt – erscheinen lassen.

Der Effekt alter Farbe auf Holz ist derzeit sehr beliebt und einfach zu imitieren. Mit leuchtenden, modernen Farben erzielt man aufregende Resultate, während man durch Kalken oder blasse Töne einfachere, sonnengebleichte Flächen schaffen kann. Zum Zweck größerer Authentizität sollte kein Lack aufgetragen werden: Die tägliche Abnutzung verstärkt den Effekt. Krakelee-Techniken sind zwar etwas komplizierter, aber äußerst ansprechend.

Viele dieser Techniken eignen sich für unterschiedliche Materialien und Flächen. Die Farbcodes zu Beginn jedes Eintrags und der Schlüssel auf Seite 41 geben darüber Auskunft.

Ganz oben: Vom Shaker-Stil beeinflußt; für den authentischen Effekt alter Farbe auf Holz wurden Milchfarben verwendet (siehe S. 128 und S. 134).

Oben: Natürlich gealtertes Holz in einem Landhaus. Vor dem Nachahmen sollte man das Aussehen echter Abnutzung genau studieren (siehe S. 104).

ANTIKISIEREN

Durch allgemeine Abnutzung altert Holz auf natürliche Weise. Möbelstücke, die dem Sonnenlicht ausgesetzt sind, bleichen aus, Holz, das man mit Politur behandelt, wird durch Staub und Schmutz langsam dunkler. Dadurch werden vielbenutzte alte Stücke interessant, und seit dem 19. Jahrhundert versucht man, dieses Aussehen bei neuem Holz nachzuahmen. Praktisch jedes Holz kann »antikisiert«, d. h. künstlich auf alt getrimmt werden, und es gibt vielerlei Gründe dafür: Sie haben eine neue Kommode, die antikisiert werden soll, damit sie zum restlichen, alten Mobiliar paßt. Oder vielleicht sind Sie in ein altes Haus übersiedelt, und einige der moderneren Möbelstücke passen nun nicht mehr. Die hier beschriebene Antikisierungstechnik mag ein wenig drastisch erscheinen, aber es hängt von Ihnen ab, wie weit sie angewendet wird.

GRUNDREZEPT – ANTIKISIERTE KIEFER

MATERIALIEN

Antiklasur ▶ 500 ml PVA-Binder oder weißer Leim/ 1 Liter Wasser / 40 g Pulverpigment Siena natur / 40 g Pulverpigment Umbra natur (ein Anstrich)
Zusätzlicher Schutzanstrich ▶ 500 ml Acrylklarlack, matt (ein Anstrich)

ARBEITSGERÄTE

Spitzbohrer oder Nagel (50 mm) und Hammer / Stanley-Messer (bei Bedarf) / Behälter zum Mischen der Lasur / 1 Haushaltspinsel, 75 mm / fusselfreie Baumwolltücher / 1 Lackpinsel, 50 mm (bei Bedarf)

Diese moderne Kiefernkommode wurde mit einer Lasur antikisiert, die an Kalkfarbe erinnert. Anhand der geöffneten Lade sieht man noch die Originalfarbe. Der PVA-Binder wurde mit 40 g Umbra gebrannt und 30 g weißem Pulverpigment abgetönt. Die neuen Griffe wurden durch besser zum alten Stil passende ersetzt.

ANLEITUNG
Behandlung der Oberfläche

Mit dem Spitzbohrer (oder mit Nagel und Hammer) kleine, gehäuft auftretende Löcher bohren, die typisch für Holzwürmer sind. Eventuell ein paar Kratzer mit dem Stanley-Messer und ein paar Kerben mit dem Hammer anbringen.

Antiklasur

1 PVA-Binder (oder weißen Leim) in den Behälter gießen. Nach und nach Wasser hinzufügen und gut verrühren.
2 Siena natur und Umbra natur hinzufügen, gut verrühren; dabei darauf achten, daß keine Klümpchen entstehen.
3 Die Lasur ungleichmäßig (siehe S. 34) auf die vorbehandelte Fläche auftragen.
4 Ein Baumwolltuch zu einem flachen Bausch formen und damit die Lasur in die Fläche reiben. Dabei speziell die beschädigten Stellen bearbeiten. Das Tuch wechseln, sobald es mit Lasur verklebt ist. Kleine Flächen benötigen zum Trocknen ca. 1 Stunde; beim Antikisieren einer größeren Fläche, etwa eines Bodens, sollte man immer nur eine Fläche von 2 m^2 in einem Arbeitsgang behandeln.

Wichtig: Für größere Farbtiefe den Lasiergang wiederholen. Falls man eine strapazierfähige Oberfläche wünscht, eine oder zwei Lackschichten auftragen.

❶ ANTIKISIERTE KIEFER
Anwendung des Grundrezepts zum Antikisieren einer neuen Lade aus Kiefernholz. Die dunkle Farbe wirkt, als wäre das Möbelstück schon über Jahre, z. B. in einer Küche, stark beansprucht worden.

❷ OCKER AUF ESCHE
Dieser hellere Ton entsteht durch die Verwendung von 60 g gelbem Ocker und 20 g Umbra natur. Der Effekt entspricht altem Kiefernholz, obwohl die Lade eigentlich aus grauem Eschenholz ist.

❸ GRAU AUF GEKALKTEM HOLZ
Zwei Antiklasuren sind notwendig, um diesen Grauton auf gekalktem Holz zu erzeugen. Die erste Lasur enthält 30 g Weiß und 20 g Schwarz, die zweite Lasur 20 g Umbra gebrannt und 10 g Ultramarinblau.

SPRENKELN

Diese nützliche Technik dient als Basis vieler Effekte (siehe z. B. die Steinimitationen von Granit und Porphyr), kann jedoch auch alleine angewendet werden. Architekturelemente wie Säulen sowie kleinere Möbelstücke eignen sich speziell dafür. Wände eher nicht, denn auf großen Flächen sehen die winzigen Punkte meist nicht gut aus. Sprenkeln wirkt einfach, aber man braucht etwas Praxis, um einen gleichmäßigen Effekt zu erzielen. Daher sollte man die Hinweise auf Seite 36 befolgen und vor der Anwendung dieser Technik üben. Vorsicht: Farbe kann beim Sprenkeln überallhin gelangen – daher Umgebung gut abdecken.

❶ GOLD
Das Grundrezept: für Ornamente

❷ ROT
Grundfarbe: Dunkelrot-Fertigmischung. Sprenkelfarben (je 1 EL): 1. Umbra natur; 2. Alizarinkarmesin; 3. gelber Ocker; 4. Weiß.

❸ AUSTER
Grundfarbe: 2 EL Grau neutral und 1 EL Umbra gebrannt. Sprenkelfarben: 1. 1 EL Umbra natur; 2. 1 EL Grau neutral; 3. ½ EL Grau neutral und ½ EL Titanweiß; 4. 1 EL Titanweiß.

❹ BLAU
Grundfarbe: 1 EL Kobaltblau und 2 EL Hellblau. Sprenkelfarben: 1. 1 EL Ultramarinblau; 2. 1 EL Grau neutral; 3. ½ EL Kobaltblau und ½ EL Titanweiß; 4. 1 EL Titanweiß.

GRUNDREZEPT – GOLD MIT VIER FARBEN

MATERIALIEN

Basisanstrich ▶ 500 ml Vinylemulsion Weiß, matt / 1 EL Künstleracrylfarbe Venezianischrot / 1 EL Künstleracrylfarbe Umbra natur / ½ EL Künstleracrylfarbe gelber Ocker

1. Sprenkelfarbe ▶ 1 EL Künstleracrylfarbe Umbra gebrannt / 1 EL Wasser

2. Sprenkelfarbe ▶ 1 EL Künstleracrylfarbe Siena natur / 1 EL Wasser
3. Sprenkelfarbe ▶ 1 EL Künstleracrylfarbe gelber Ocker / 1 EL Wasser
4. Sprenkelfarbe ▶ 1 EL Künstleracrylfarbe Titanweiß / 1 EL Wasser
Zusätzlicher Schutzanstrich ▶ 500 ml Acrylklarlack, matt oder seidenmatt

ARBEITSGERÄTE

1 Farbbehälter / 1 Flächenstreicher, 50 mm / Abdecktücher / Abdeckband / kleines Tuch / 4 kleine Gefäße oder Gläser für die Lasuren / Wegwerfhandschuhe / 4 Naturhaarpinsel, 25 mm / 1 Lackpinsel, 50 mm (bei Bedarf)

ANLEITUNG

Basisanstrich

1 Emulsion in den Behälter gießen. Venezianischrot, Umbra natur und gelben Ocker hinzufügen und gut verrühren.
2 Mit dem 50 mm-Pinsel Farbe gleichmäßig (siehe S. 34) auf die vorbehandelte Fläche auftragen und trocknen lassen.

Sprenkeln

1 Umgebende Flächen mit Tüchern abdecken und Abdeckband auf den Stellen der Malfläche anbringen, die nicht gesprenkelt werden sollen – die Farbe spritzt überall hin. (Es empfiehlt sich, vorher das Abdeckband auf ein Tuch zu drücken, damit ein Teil des Klebers entfernt wird.)
2 Jede der vier Acrylfarben in ein eigenes Gefäß (oder Glas) geben. Wasser hinzufügen und gut verrühren.
3 Handschuhe anziehen und den ersten Pinsel mit der dunkelsten Lasur tränken. Damit fest gegen einen anderen sauberen, trockenen Naturhaarpinsel schlagen, dabei einen Abstand von ca. 15–25 cm zur Fläche halten. Die unterschiedlich kleinen Farbspritzer (siehe S. 36) sollen wie ein Nebelschleier die Fläche überziehen. Es ist wichtig, vor dem Sprenkeln die Farbmenge zu bestimmen, mit welcher der Pinsel getränkt wird, da die Schwierigkeit dieser Technik in der gleichmäßigen Ausführung liegt. Von oben nach unten arbeiten, dabei auf eine größere Fläche konzentrieren.
4 Schritt 3 mit den anderen Sprenkelfarben wiederholen, für jede Farbe einen neuen Pinsel verwenden. Mit der dunkelsten Lasur beginnen und die weiße am Schluß verwenden. Durch Veränderung des Abstands zur Fläche kann man den Effekt variieren. Jeden Auftrag 2 Stunden trocknen lassen.

Wichtig: Für eine strapazierfähige Oberfläche, eine oder zwei Lackschichten (matt oder seidenmatt) auftragen, jeweils 2–3 Stunden trocknen lassen. Zum Sprenkeln kann auch eine Zahnbürste verwendet werden. Mit Farbe tränken und mit dem Finger die Borsten zurückbiegen. Wichtig: Zuerst ausprobieren mit welcher Farbmenge der gewünschte Effekt zu erzielen ist.

Durch Sprenkeln wird dieser Schemel zu einem individuellen Stück. Der Basisanstrich besteht aus vorgemischtem, dunklem Ultramarinblau, die Sprenkelfarben sind: 1. ½ EL Kobaltblau und ½ EL Weiß; 2. ½ EL Ultramarinblau und ½ EL Schwarz; 3. 1 EL gelber Ocker; 4. 1 EL Titanweiß.

MASERIEREN

Die Kunst des Maserierens zu beherrschen mag manchen beinahe unmöglich erscheinen, doch mit den hier beschriebenen Methoden lassen sich sehr schöne Effekte erzielen. Gleichgültig, ob Sie nach Authentizität streben oder Ihrer Phantasie freien Lauf lassen, Sie sollten sich auf jeden Fall die Hölzer, die Sie imitieren möchten, vorher genau ansehen und während der Arbeit stets Bilder des Originals zur Hand haben. Mit einer Lasur auf Wasserbasis muß man schneller arbeiten, die kürzere Trocknungszeit ist jedoch ein Vorteil. Mit Hilfe moderner Werkzeuge, entwickelt aus denen der Handwerker des 17. Jahrhunderts, die diese Technik entdeckt haben, können leichte Holzmaserungen mechanisch in einem Bruchteil der für dieses Rezept benötigten Zeit hergestellt werden (siehe S. 111). Bei geschickter Handhabung lassen sich mit diesen Werkzeugen sehr ansprechende Effekte erzielen (siehe auch S. 138).

GRUNDREZEPT – MAHAGONI

MATERIALIEN

Basisanstrich ▶ 1 Liter Fertigmischung geruchsarme Eierschalenfarbe, Rostbraun
Erste Lasur ▶ 50 g Schlämmkreide oder Kreidepulver / 50 g Pulverpigment Van-Dyck-Braun / 25 g Pulverpigment Umbra natur / 15 g Pulverpigment Umbra gebrannt / 5 EL Wasser
Erste Versiegelung ▶ 500 ml Polyurethanlack, seidenmatt
Zweite Lasur ▶ 25 g Schlämmkreide / 25 g Pulverpigment Van-Dyck-Braun / 15 g Pulverpigment Schwarz / 5 EL Wasser
Zweite Versiegelung ▶ 500 ml Polyurethanlack, seidenmatt

ARBEITSGERÄTE

5 Haushaltspinsel, 50 mm / Tücher / Wasser zum Befeuchten der Tücher / 2 Behälter für die Lasur / Spalter oder Modler / Dachshaarvertreiber oder weicher Flächenstreicher, 75 mm / 2 Naturhaarpinsel, 25 mm (für Vertiefungen) / Schläger

Unten: Helle Eiche, ebenfalls eine Variation des Grundrezepts. Basisanstrich: 1 Liter weiße Eierschalenfarbe und 2 EL Künstlerölfarbe gelber Ocker. Erste Lasur: 50 g gelber Ocker und 50 g Siena natur. Zweite Lasur: wie die erste, plus 25 g Umbra natur.

Oben: Helles Mahagoni, eine Variation des Grundrezepts. Basisanstrich: 1 Liter weiße Eierschalenfarbe und 50 g Eisenoxid-Pulverpigment. Lasuren: wie das Grundrezept, mit zusätzlich 10 g Eisenoxid pro Anstrich.

ANLEITUNG

ARBEITSBEREICH STETS GUT BELÜFTEN.

Basisanstrich

Eierschalenfarbe gut verrühren; mit einem Haushaltspinsel zwei gleichmäßige Anstriche (siehe S. 34) auf die vorbehandelte Fläche auftragen. Jeweils 24 Stunden trocknen lassen.

Erste Lasur

1 Mit einem feuchten Tuch einen dünnen Schlämmkreidefilm auf die gesamte Fläche auftragen. Dadurch entsteht eine gröbere Oberfläche, auf der die Lasur besser haftet.
2 Van-Dyck-Braun, Umbra natur und Umbra gebrannt in einen Behälter geben und unter Rühren Wasser hinzufügen.
3 Mit einem anderen Haushaltspinsel die Lasur ungleichmäßig (siehe S. 34) auftragen, Vertiefungen auslassen.
4 Mit dem Spalter (oder Modler) die Lasur nach unten ziehen, dabei die Pinselstriche überlappen lassen und in einer Bewegung über die gesamte Länge ziehen (siehe S. 37).
5 Den Spalter von einer Ecke ausgehend in überlappenden Bögen führen. So entsteht der Masereffekt (siehe S. 37).
6 Einen Dachshaarvertreiber mit kurzen, nach oben gerichteten Bewegungen leicht über die Fläche gleiten lassen (siehe S. 34). Dadurch sollen die Bögen ein wenig verwischt und natürlicher wirken. Den Pinsel oft mit einem Tuch abwischen – er sollte möglichst trocken bleiben.
7 Mit einem 25 mm-Naturhaarpinsel die Lasur in den Vertiefungen auftragen, dabei den Pinsel in Richtung der Vertiefung schwungvoll führen. 3–4 Stunden trocknen lassen.

Erste Versiegelung

Mit einem dritten Haushaltspinsel eine Lackschicht auftragen und 24 Stunden trocknen lassen.

Zweite Lasur

1 Mit einem zweiten feuchten Tuch wiederum einen dünnen Schlämmkreidefilm auf die getrocknete Fläche auftragen. Dadurch wird die erste Lasur stumpfer und der Farbeffekt am Ende tiefer.
2 Van-Dyck-Braun und Schwarz in den zweiten Behälter geben. Unter Rühren nach und nach Wasser hinzufügen.
3 Mit dem vierten Haushaltspinsel die Lasur ungleichmäßig auftragen, dabei wieder die Vertiefungen aussparen.
4 Siehe Schritt 4 und 5 der ersten Lasur.
5 Die Fläche mit dem Schläger leicht abklopfen, um die Maserung aufzulockern (siehe S. 36). Ab und zu die Borsten mit einem Tuch abwischen.
6 Bei Vertiefungen Schritt 7 der ersten Lasur mit neuem Naturhaarpinsel wiederholen, 3–4 Stunden trocknen lassen.

Zweite Versiegelung

Mit einem fünften Haushaltspinsel eine Lackschicht auftragen und 24 Stunden trocknen lassen.

❶ MAHAGONI
Das Grundrezept
(siehe S. 108)

❷ DUNKLE EICHE
Die Variation:
ebenso vielseitig

❸ HELLES GRÜN
Holzmaserung in modernen Farben. Basisanstriche: 2 EL Pulverpigment Grau neutral und 1 Liter weiße Eierschalenfarbe. Farbmischung der Lasuren: 50 g Viridiangrün und 25 g Weiß.

❹ DUNKLES GRÜN
Wie Grundrezept. Basisanstriche: 2 EL Ölfarbe Viridiangrün und 1 Liter weiße Eierschalenfarbe.
1. Lasur: 50 g Leuchtgrün und 50 g Viridiangrün;
2. Lasur: 50 g Viridiangrün, 25 g Leuchtgrün und 25 g Umbra gebrannt.

VARIATION – DUNKLE EICHE

MATERIALIEN

Basisanstriche ▸ 1 Liter Emulsionsfertigmischung, Bambusocker
Erste Lasur ▸ 150 ml Acryllasurmittel / 25 g Pulverpigment Siena natur / 10 g Pulverpigment Umbra natur / 5 EL Wasser
Zweite Lasur ▸ 250 ml Acryllasurmittel / 25 g Pulverpigment Siena natur / 15 g Pulverpigment Umbra gebrannt / 5 EL Wasser
Schutzanstrich ▸ 500 ml Polyurethanlack, seidenmatt

ARBEITSGERÄTE

3 Flächenstreicher, 50 mm / 3 Behälter zum Mischen von Farbe und Lasur / Dachshaarvertreiber oder weicher Flächenstreicher, 75 mm / Tücher / 2 Naturhaarpinsel, 25 mm (für Vertiefungen) / 1 flacher Künstlerpinsel, 25 mm / 1 Haushaltspinsel, 50 mm

ANLEITUNG
Basisanstrich

Emulsion gut verrühren und mit einem 50 mm-Flächenstreicher zwei gleichmäßig deckende Anstriche (siehe S. 34) auf die vorbehandelte Fläche in Richtung der Maserung auftragen. Jeden Anstrich 2–3 Stunden trocknen lassen.

Erste Lasur

1 Acryllasurmittel in einen Behälter geben. Siena natur, Umbra natur und nach und nach Wasser hinzufügen.
2 Mit einem zweiten 50 mm-Flächenstreicher die Lasur mit groben, ungleichmäßigen Pinselstrichen (siehe S. 34) auftragen, dabei die Vertiefungen aussparen.
3 Mit demselben Pinsel die Lasur nach unten ziehen, dabei die Pinselstriche überlappen lassen und in einer Bewegung über die gesamte Länge ziehen (siehe S. 37).
4 Einen Dachshaarvertreiber (oder weichen Flächenstreicher) leicht über die Fläche gleiten lassen (siehe S. 34), um der Maserung die Härte zu nehmen. Pinsel immer wieder mit einem Tuch abwischen – er sollte möglichst trocken bleiben.
5 Mit einem Naturhaarpinsel die Lasur in den Vertiefungen auftragen, dabei den Pinsel in der Richtung der Vertiefung schwungvoll führen. 2–3 Stunden trocknen lassen.

Zweite Lasur

1 150 ml Acryllasurmittel in einen zweiten Behälter gießen und mit einem dritten 50 mm-Flächenstreicher auftragen. 30 Minuten warten, bis die Lasur zäh wird.
2 Die restlichen 100 ml des Lasurmittels in einen dritten Behälter geben. Siena natur, Umbra gebrannt und nach und nach Wasser unter Rühren hinzufügen.
3 Mit dem flachen Künstlerpinsel diese Lasur auf die klebrige Malfläche auftragen, dabei eventuelle Vertiefungen aussparen. Zuerst im Zentrum eine Ellipse malen und um diese herum weitere, immer größer werdende, überlappende, unregelmäßige Ellipsen.
4 Die Maserung mit dem Dachshaarvertreiber abschwächen; dabei leicht von unten nach oben über die Fläche streichen. Pinsel immer wieder abwischen.
5 Bei Vertiefungen Schritt 5 der ersten Lasur mit einem Naturhaarpinsel wiederholen. 2–3 Stunden trocknen lassen.

Schutzanstrich

Mit dem Haushaltspinsel eine Polyurethanlackschicht auftragen und 24 Stunden trocknen lassen.

Wichtig: Die im Grundrezept erwähnten Spalter und Modler (siehe auch S. 29, S. 30 und S. 37) sind klassische Maserierwerkzeuge, mit Fächerpinseln (siehe S. 29) und einfachen Federn kann man jedoch ebenfalls authentische, feine Maserungen herstellen. Federn verklumpen allerdings rasch mit Farbe, deshalb muß man eine ganze Menge davon vorrätig haben. Gummikämme und Strukturstempel (siehe S. 29 und S. 37) erzielen noch viel stärker ausgeprägte Effekte, eignen sich jedoch wie der Feinmaserpinsel nur zur Bearbeitung größerer Flächen (siehe S. 29).

KRAKELEE AUF WASSERBASIS

Das Krakelee, das auf bemalten oder lackierten Möbeln durch temperaturbedingtes Ausdehnen und Zusammenziehen des Holzes entsteht, wurde in Frankreich bereits im 18. Jahrhundert imitiert. Diese Antikisierungsmethode ist dank eigens entwickelter Präparate, die uns heute zur Verfügung stehen, kinderleicht. Ein oder zwei Anstriche mit transparentem Reißlack werden auf den getrockneten Basisanstrich aufgetragen. Beim Trocknen beginnt der Reißlack gegen den Basisanstrich zu arbeiten, und an der Oberfläche entstehen Risse. Beim Auftragen und Trocknen des nachfolgenden kontrastierenden Anstrichs tritt die Farbe des Basisanstrichs deutlich hervor, und die Risse werden noch stärker sichtbar. Farbige Lasuren können ebenfalls aufgetragen werden, um den Anstrich zu betonen und stärker zu antikisieren. Je nach gewählter Farbkombination entsteht ein traditioneller oder moderner Effekt. Diese Methode ist natürlich vorrangig für die Bearbeitung von Holz oder Putz gedacht – sie erinnert an die Fresken und bemalten Paneele der italienischen Renaissance –, kann jedoch auch der häßlichsten Kunststoffbeschichtung eine neue Dimension verleihen.

GRUNDREZEPT – STEINGRAU AUF BLAU

MATERIALIEN

Basisanstrich ▸ 500 ml Fertigmischung Vinylemulsion Himmelblau, matt
Krakelee ▸ 250 ml Acryl-Reißlack (transparent)
Abschlußanstrich ▸ 500 ml steingraue Emulsionsfertigmischung
Zusätzliche Antikisierung ▸ 250 ml alte Patina, hell
Schutzanstrich ▸ 500 ml Acrylklarlack, seidenmatt (ein Anstrich)

ARBEITSGERÄTE

2 Flächenstreicher, 50 mm / 1 Haushaltspinsel, 25 mm / 1 Lackpinsel, 50 mm / Tücher (bei Bedarf)

ANLEITUNG

Basisanstrich

Emulsion gut verrühren, mit einem Flächenstreicher auf die vorbehandelte Fläche auftragen und 2–3 Stunden trocknen lassen. Fertigmischungen reagieren besser mit dem Reißlack, daher keine eigenen Farbmischungen verwenden.

Krakelee

Mit dem Haushaltspinsel Reißlack auf die gesamte Fläche auftragen, dabei horizontal arbeiten für horizontale Risse und vertikal für vertikale Risse. Während des Trocknens beginnt der Lack zu reißen oder krakelieren. Bei dickerem Auftrag erscheinen wenige, große Risse, je mehr er bearbeitet wird, desto feiner und zahlreicher werden die Risse. 2 Stunden trocknen lassen.

Oben links: Die horizontalen Risse dieser einfachen Holzfaserschachtel entstanden mittels eines Reißlackanstrichs auf Wasserbasis auf steingrauer Emulsionsfertigmischung. Als Abschlußanstrich wurde dunkelblaue Emulsionsfertigmischung gewählt.

❶ STEIN AUF BLAU
Das Grundrezept: Zwei Reißlackschichten, eine horizontal und die andere vertikal aufgetragen, bewirken einen ansprechenden, stark rissigen Effekt. Durch zwei Schutzanstriche aus Acrylklarlack wird diese Fläche äußerst strapazierfähig.

❷ ERBSENGRÜN AUF STROH
Zwei Reißlackschichten, horizontal bzw. vertikal auf strohfarbene Emulsion aufgetragen: Erbsengrün (im Abschlußanstrich) war in der Viktorianischen Zeit weit verbreitet; daher passend für Einrichtungen im Stil des 19. Jahrhunderts.

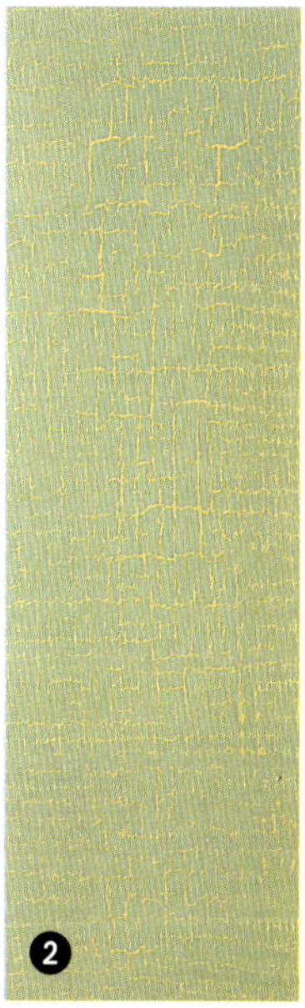

❸ ZARTES LILA AUF GELB
Eine moderne Farbzusammenstellung mit zwei gekreuzt aufgetragenen Reißlackschichten.

❹ DUNKLES ROT AUF STEIN
Eine ebenfalls in der Viktorianischen Zeit beliebte Farbkombination: dunkles Rot als Abschlußanstrich auf steingrauem Emulsionsgrund. Hier wurde nur eine Reißlackschicht in vertikaler Richtung aufgetragen.

❺ WARMES GRAU AUF ZIEGEL
Eine weitere klassische Farbzusammenstellung: Warmes Grau auf dunkelrotem Basisanstrich. Die feinen Risse entstanden durch zwei gekreuzte, gut bearbeitete Reißlackschichten.

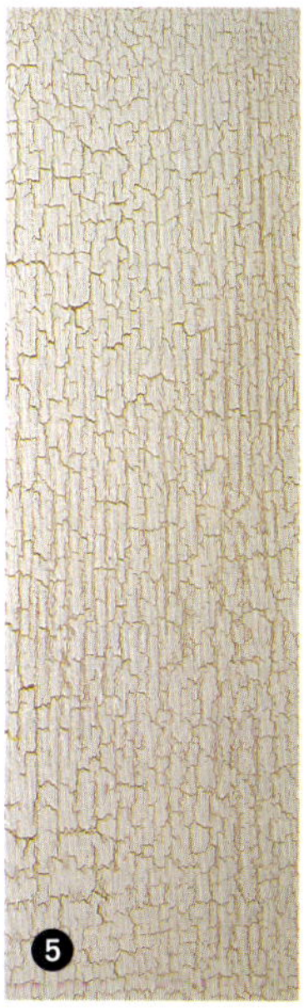

Ganz helles Krakelee auf Wasserbasis, auf einer Paneelwand aufgetragen, paßt wunderbar in Stil-Interieurs. Der zarte, luftige Anstrich dieser Paneelwand betont den Rokoko-Charakter der Einrichtung.

Abschlußanstrich

Emulsion gut verrühren, gleichmäßig mit dem anderen Flächenstreicher (siehe S. 34) auf die rissige Fläche auftragen und 2–3 Stunden trocknen lassen. Beim Trocknen werden die Risse erneut sichtbar, und das Blau des Basisanstrichs kommt zum Vorschein.

Schutzanstrich

Mit dem Lackpinsel eine Lackschicht auftragen, 2–3 Stunden trocknen lassen. Soll der Anstrich besonders strapazierfähig werden, diesen Vorgang wiederholen.

Wichtig: Möchte man einen ausgeprägteren Effekt erzielen, kann der Krakelee-Schritt vor dem Abschlußanstrich wiederholt werden. Dabei den Reißlack quer zum ersten Anstrich auftragen. Soll der Anstrich stärker antikisiert werden, reibt man mit einem Tuch alte Patina in den getrockneten Schlußanstrich. Patina 1 Stunde trocknen lassen.

KRAKELEE AUF ÖLBASIS

Reißlack auf Ölbasis hat einen stärkeren Antikisierungseffekt als der auf Wasserbasis (siehe S. 112) und bewirkt meist ein abwechslungsreicheres und weitläufigeres Muster. In den folgenden Beispielen werden zwei transparente Reißlackschichten aufgetragen, die beim Trocknen gegeneinander arbeiten und springen. Eine farbige Lasur, die zusätzlich aufgetragen und abgeschliffen wird und so nur in den Rissen verbleibt, rundet den Effekt ab. Reißlack auf Ölbasis ist ein unberechenbares Material. Aus eigener Erfahrung möchte ich Ihnen folgende Ratschläge erteilen: Immer die Herstellerhinweise beachten, für den Basisanstrich Fertigmischungen verwenden und in einem gleichmäßig warmen, trockenen Raum arbeiten. Ich habe die besten Ergebnisse auf kleineren, ebenen Flächen erzielt.

GRUNDREZEPT – ROT AUF SCHWARZ

MATERIALIEN

Basisanstrich ▶ 500 ml Fertigmischung schwarze Glanzfarbe
Krakelee ▶ 1 Liter Fertigmischung Reißlack auf Ölbasis (transparent)
Abschlußanstrich ▶ 2 EL Künstlerölfarbe Kadmiumrot / 1 EL Fertigmischung Öllasurmittel / 1 EL Testbenzin
Zusätzlicher Schutzanstrich ▶ 1 Liter Polyurethanlack, glänzend oder seidenmatt

ARBEITSGERÄTE

2 oder 3 Haushaltspinsel, 50 mm / 1 Lackpinsel, 25 mm / Behälter zum Mischen der Lasur / Tücher

ANLEITUNG

ARBEITSBEREICH STETS GUT BELÜFTEN.

Basisanstrich

Glanzfarbe gut verrühren und mit einem Haushaltspinsel zwei gleichmäßige Anstriche (siehe S. 34) auf die vorbehandelte Fläche auftragen. Jeweils 24 Stunden trocknen lassen.

Krakelee

1 Mit Lackpinsel Reißlack auf die gesamte Fläche gleichmäßig auftragen und zäh werden lassen (ca. 30 Minuten).
2 Einen zweiten Anstrich auftragen und danach beide Anstriche vollständig trocknen lassen (1 Stunde). Während der zweite Anstrich trocknet, arbeitet er gegen den ersten, wodurch feine Sprünge im Lack entstehen.

Zwei Variationen des Grundrezepts: Links: Dunkelgrüne Glanzfarbe als Basisanstrich und Abschlußanstrich mit 2 EL Brillantgelb. Rechts: Dunkelroter, glänzender Basisanstrich und Abschlußanstrich mit 1 EL Titanweiß, ½ EL Kadmiumrot und ½ EL Brillantgelb.

KRAKELEE AUF ÖLBASIS

❶ ROT AUF SCHWARZ
Die klassischen Farben des Grundrezepts: beeindruckende Farbkombination, besonders schön auf chinesischen Antiquitäten.

❷ BLAU AUF OCKER
Moderner Anstrich, auch für traditionelle Häuser: dunkles Antikgelb für den Glanzanstrich; der Abschlußanstrich enthält 2 ½ EL Kobaltblau und ½ EL Titanweiß.

❸ ROT AUF ANTIKGELB
Wirkt authentisch: Die Risse im dunkelgelben Glanzanstrich werden mit 1 EL gelbem Ocker, ½ EL Eisenoxid und ½ EL Umbra natur im Abschlußanstrich betont.

❹ HELLGRAU AUF BURGUNDERROT
Ein auffälliger, orientalisch wirkender Anstrich: Die Risse im burgunderroten Glanzanstrich werden durch 1 EL Grau neutral und 1 EL Titanweiß im Abschlußanstrich hervorgehoben.

Abschlußanstrich

1 Kadmiumrot in den Behälter geben. Öllasurmittel und Testbenzin hinzufügen und gut verrühren.
2 Mit einem zweiten Haushaltspinsel auf die gesamte Fläche gleichmäßig auftragen.
3 Den Großteil der Lasur mit sauberen Tüchern abwischen – nach der Fertigstellung sollte die rote Lasur nur in den Rissen verbleiben. Tücher häufig wechseln, damit man die Lasur nicht erneut aufträgt. Danach 24 Stunden trocknen lassen.

Wichtig: Damit der Anstrich strapazierfähiger wird, mit einem dritten Haushaltspinsel zwei Schichten Polyurethanlack auftragen und 24 Stunden trocknen lassen.

Beizen ist eine einfache Methode, Holz zu verschönern und zu schützen. Farben auf Öl- und Wasserbasis eignen sich dafür gleichermaßen, und welche Sie wählen, hängt vom gewünschten Effekt ab. Die Technik auf Ölbasis, bei der Farbe geschmolzenem Wachs beigegeben wird, ist der traditionelle Weg: Das Wachs trocknet zu einem widerstandsfähigen Überzug, und die Farbe kann nicht so leicht ausbleichen. Bei sorgfältiger Mischung kann Beizen mit Farben auf Wasserbasis jedoch sanftere Tönungen bewirken. Dafür ist abschließendes Lackieren unerläßlich.

GRUNDREZEPT – DUNKLES ROT (ÖLBASIS)

MATERIALIEN **50 g Bienenwachskügelchen / 2 EL Künstlerölfarbe Kadmiumrot / 1 EL Künstlerölfarbe Venezianischrot / ½ EL Künstlerölfarbe Umbra natur**

ARBEITSGERÄTE **Doppelter Simmertopf oder Wasserbad / alter Holzlöffel / fusselfreie Tücher / 1 Haushaltspinsel, 50 mm (bei Bedarf) / Schuhbürste (bei Bedarf)**

ANLEITUNG

1 Die Bienenwachskügelchen in den oberen Behälter des doppelten Simmertopfs (oder des Wasserbades) geben und langsam zu einer glatten Flüssigkeit schmelzen, dabei ab und zu mit dem Löffel umrühren.

2 Kadmiumrot, Venezianischrot und Umbra natur hinzufügen und gut mischen. Zu einer weichen Paste trocknen lassen (ca. 10 Minuten).

❶ DUNKLES ROT
Das Basisrezept: Dieses satte Rot ist typisch für Holzbeizen auf Ölbasis.

❷ ULTRAMARIN
Intensives Blau durch Färben der Beize mit 3 EL Ultramarinblau.

❸ DUNKELGELB
Diese Farbe wird leicht fleckig, daher nur in kleineren Abschnitten eines Bodenmusters verwenden. Die Farbmischung besteht aus 2½ EL Kadmiumgelb und ½ EL gelbem Ocker.

❹ UMBRA
Dieser praktische und natürliche Ton enthält 2 EL Umbra gebrannt und 1 EL Siena natur.

Die Holzschindeln dieses Hauses in New Brunswick wurden mit satter Sienatönung gebeizt. Die frischen Glanzfarben von Fenster- und Türrahmen ergänzen diesen ebenso schützenden wie dekorativen Anstrich.

3 Mit dem fusselfreien Tuch einen Bausch formen, das Wachs gleichmäßig auf der vorbehandelten Fläche verteilen und vorsichtig einreiben. Beim Beizen größerer Flächen in Abschnitten von ca. 1 m^2 arbeiten. 2 Stunden trocknen lassen.
4 Mit einem sauberen Tuch (oder Schuhbürste) polieren – eine satte, transparente, glänzende Wachsschicht entsteht.

Außenflächen: Zwei Schichten seidenmatten Polyurethanlack auftragen und jede Schicht 24 Stunden trocknen lassen.

BEIZEN AUF WASSERBASIS

Durch Auflösen von Pulverfarben in Wasser lassen sich Beizen auf Wasserbasis leicht herstellen. Textilfarben, Spiritusfarben oder Pulverpigmente sind gleichermaßen wirkungsvoll und bieten eine große Farbauswahl. Einige davon sind äußerst intensiv, daher sollte man vor Beginn der richtigen Arbeit mit einem Stück Holz experimentieren. Der Bildtext auf Seite 119 gibt Aufschluß über das Mischen von Pulverpigmenten. Für Textil- oder Spiritusfarben nimmt man 1 TL Farbe auf 500 ml Wasser und fügt dann Wasser oder Farbe hinzu, bis der gewünschte Ton erreicht ist. Alle Beizen müssen gleichmäßig aufgetragen werden, damit sie nicht fleckig auftrocknen. Für eine widerstandsfähige Oberfläche einen matten, seidenmatten oder glänzenden Lack auftragen.

BEIZEN EINES BODENMUSTERS

Muster können auf attraktive Weise alte Holzböden, deren Zustand nicht mehr optimal ist, beleben oder billige, neue Holzböden veredeln. Wählen Sie geometrische, große und einfache Muster, sonst dauert es ewig, bis der Boden fertig ist. Zuerst mißt man den Boden ab und zeichnet einen maß-

5 BEIZEN AUF WASSERBASIS
Das einfache Bodenmuster wurde entsprechend der nebenan beschriebenen Methode ausgeführt. Als Farbstoff wurde ausnahmslos Pulverpigment verwendet, und zwar immer im Verhältnis 1 Teil Pigment, 2 Teile Wasser. Die Mengen variieren natürlich entsprechend der Größe der zu bearbeitenden Fläche. Für diese Fläche (1,25 x 1,5 m) wurden folgende Farben und Mengen verwendet: Grüne Dreiecke: 25 g Moosgrün und 2 EL Wasser. Blaue Dreiecke: 25 g Kobaltblau und 2 EL Wasser. Dreiecke in dunklem Pink: 12,5 g Krapprosa, 12,5 g Weiß und 2 EL Wasser. Dreiecke in hellem Pink: 12,5 g gelber Ocker, 12,5 g Weiß und 2 EL Wasser. Kreuzstreifen: 25 g gelber Ocker und 2 EL Wasser. Quadrate: 12,5 g Weiß, 12,5 g Schwarz und 2 EL Wasser.

stabgetreuen Plan. Auf diesen Plan klebt man Pauspapier, um darauf das Muster zu entwerfen und den Abmessungen des Raumes anzupassen. Ist ein exakter Entwurf angefertigt, tragen Sie die ausgewählten Farben mit Buntstiften ein. Jetzt wird das Muster mit Hilfe von Metermaß und Bleistift auf den vorbehandelten Holzboden gezeichnet und eine der beschriebenen Methoden angewendet, um den Boden zu beizen, dabei arbeitet man gleichzeitig stets nur mit einer Farbe. Die Stellen, die nicht oder später eingefärbt werden, überklebt man mit Abdeckband. Jede Farbe sollte ganz trocken sein, bevor man sie überklebt und mit der nächsten fortsetzt.

ABGERIEBENE HOLZLASUREN

Ich habe diese Technik entwickelt, um Holz auf subtile und stilvolle Weise gleichzeitig Farbe und einen alten Touch zu verleihen. Es ist eine sehr gute Methode, um altem Holz zu neuem Leben zu verhelfen. Da die Farbe des Holzes teilweise sichtbar bleibt, entsteht ein weicher Anstrich, bei dem noch die Maserung zu sehen ist. Dunkler Lack verträgt sich allerdings nicht mit der neuen Farbe. In diesem Fall sollte das Holz vor dem Versiegeln abgebeizt werden. Arbeitet man mit einem neuen, makellosen Stück, kann man es zuerst ein wenig älter machen. Natürlich können für diesen Effekt auch mehrere Farben gewählt werden – z. B. eine Farbe für Stuhlbeine und -lehne, eine andere für die Sitzfläche: Zuerst die gesamte Fläche versiegeln und die Stellen, die nicht mit der ersten Lasur überzogen werden sollen, mit Abdeckband überkleben (den Kleber des Abdeckbands dabei vorher mit einem Tuch teilweise entfernen), dann die Farbe auftragen und, wie in der Anleitung beschrieben, abreiben. Danach den Vorgang mit einer anderen Farbe wiederholen.

GRUNDREZEPT – MOOSGRÜN AUF HELLEM HOLZ

MATERIALIEN

Versiegelung ▶ 500 ml weiße Möbelpolitur
Abgeriebene Lasur ▶ 500 ml Vinylemulsion Weiß, matt / 2 EL Acryllasurmittel (transparent) / 1 EL Künstleracrylfarbe Hooker-Grün / ½ EL Künstleracrylfarbe Olivgrün, hell / ½ EL Künstleracrylfarbe gelber Ocker / 1 EL Wasser (ein Anstrich)
Zusätzlicher Schutzanstrich ▶ 500 ml Acrylklarlack, matt oder seidenmatt

ARBEITSGERÄTE

Spitzbohrer oder 50 mm-Nagel und Hammer (bei Bedarf) / Stanley-Messer (bei Bedarf) / fusselfreie Tücher / Sandpapier mittlerer Körnung / Behälter zum Mischen der Lasur / 1 Haushaltspinsel, 50 mm / 1 Lackpinsel, 50 mm (bei Bedarf)

ANLEITUNG

Antikisieren (bei Bedarf)

Mit dem Spitzbohrer (oder dem 50 mm-Nagel und einem Hammer) die für Holzwürmer typischen Ansammlungen kleiner Löcher in die vorbehandelte Fläche bohren. Hier und dort kann man mit dem Stanley-Messer auch ein paar Kratzer machen und mit dem Hammer kleine Dellen.

Versiegelung

1 Das fusselfreie Tuch zu einem Bausch formen und die Fläche mit einer dünnen, gleichmäßigen Politurschicht überziehen. 1 Stunde trocknen lassen und mit einem sauberen Tuch abtupfen.
2 Mit dem Sandpapier leicht über die Fläche reiben, um sie etwas aufzurauhen, damit die Lasur haftet. Darauf achten, daß dabei nicht zuviel Möbelpolitur abgetragen wird.

Rechts und oben: Zuerst wurden die Stühle abgebeizt und 7 Tage getrocknet. Folgende Farben wurden verwendet: Grün: siehe Grundrezept. Lila: 1½ EL Hellviolett und ½ EL Titanweiß. Blau: 1½ EL Ultramarin und ½ EL Umbra gebrannt. Sandfarbe: 1½ EL gelber Ocker und ½ EL Umbra natur.

❶ MOOSGRÜN AUF HELLEM HOLZ
Das Grundrezept liefert diesen satten, für ein Landhaus passenden Ton, der aufgrund der Strapazierfähigkeit des Anstriches für eine Küche gut geeignet wäre. Bei allen vier Beispielen wurde in Richtung der Maserung abgerieben, wodurch ein Effekt erreicht wird, der dem Ziehen sehr nahe kommt.

❷ SATTES UMBRA
Vielseitige, natürliche Ausführung in einem satten Ton: Die Lasur enthält 2 EL Umbra natur.

❸ VIOLETT
Moderne Ausführung: Die Lasur wurde mit 2 EL Brillantpurpur gefärbt.

❹ TÜRKIS
Fröhlich und modern: Diese Farbtöne erinnern an das Meer – ideal für Badezimmer. Die Lasur enthält 1 ½ EL Türkisblau und ½ EL Kobaltblau.

Abgeriebene Lasur

1 Emulsion in den Behälter gießen. Acryllasurmittel, Hooker- und Olivgrün, gelben Ocker und Wasser hinzufügen.
2 Mit dem Haushaltspinsel die Lasur dick auf die gesamte Fläche auftragen und zäh werden lassen (ca. 5 Minuten).
3 Mit einem sauberen Tuch den Großteil der Lasur wieder abreiben – ein dünner Film soll auf den ebenen Flächen verbleiben und eine dickere Lasurschicht in allen Vertiefungen. Danach 2 Stunden trocknen lassen.

Wichtig: Durch die Wiederholung des Lasier- und Abreibeschrittes wird die Lasur tiefer. Damit der Anstrich strapazierfähig wird, eine Lackschicht auftragen und 2–3 Stunden trocknen lassen.
Außenflächen: Zwei Schichten seidenmatten Polyurethanlack auftragen und jede Schicht 24 Stunden trocknen lassen.

Rechts: Die Paneele dieses Stil-Interieurs wurden mit einer hellen, abgeriebenen Lasur behandelt, die an Kalkfarbe erinnert. Der traditionelle Charakter harmoniert auf besondere Weise mit dem antiken Stuhl.

WASCHTECHNIK AUF HOLZ

Mit dieser einfachen Technik zum Streichen von Holz erzielt man einen blassen, verwaschenen Effekt. Sie ist ideal für Küchen oder für Möbelstücke, die einer neuen Umgebung angepaßt werden sollen. Die Waschtechnik auf Holz schafft ähnliche Effekte wie das zuvor beschriebene Abreiben von Lasuren, ist jedoch leichter in der Ausführung – auch hier bleiben Holzmaserung und -struktur sichtbar. Es gibt dafür bereits Fertigmischungen im Handel, jedoch nur in limitierter Farbauswahl. In Küche und Bad sollte man die so bearbeiteten Flächen zusätzlich noch lackieren.

❶ TIEFES BLAU
Das Grundrezept: Subtile Ausführung, bei der die Holzstruktur größtenteils durch die Lasur hindurch sichtbar bleibt. Ideal für Küche oder Bad.

❷ DUNKLES PINK
Ein weiterer sanfter Ton, der die Schönheit des Holzes zur Geltung bringt. Die zarte Farbkombination: 1 EL Alizarinkarmesin, 1 EL Titanweiß, ½ EL Siena natur und ½ EL Lila.

❸ BLASSGRÜN
Subtile, vielseitige Farbe für Küche oder Wintergarten, die 2 EL Saftgrün, 1 EL Siena natur und ½ EL Titanweiß enthält.

❹ SIENA NATUR
Eine vielseitige Farbe zur Betonung des neuen Holzes. Die Farbmischung besteht aus 2 EL Siena natur und 1 EL Umbra natur.

GRUNDREZEPT – TIEFES BLAU

MATERIALIEN

500 ml Vinylemulsion Weiß, matt / 2 EL Künstleracrylfarbe Ultramarinblau / 1 EL Künstleracrylfarbe Kobaltblau / ½ EL Künstleracrylfarbe Umbra gebrannt / 150–200 ml Wasser

Zusätzlicher Schutzanstrich ▶ 500 ml Acrylklarlack, matt oder seidenmatt

ARBEITSGERÄTE

Behälter zum Mischen der Farbe / 1 Flächenstreicher, 75 mm / fusselfreies Tuch / 1 Lackpinsel, 50 mm (bei Bedarf)

ANLEITUNG

1 Emulsion in den Behälter gießen. Ultramarin-, Kobaltblau, Umbra gebrannt und unter ständigem Rühren nach und nach Wasser hinzufügen – die Konsistenz soll milchig werden.
2 Mit dem Flächenstreicher die Mischung auf das Holz auftragen, dabei stets in Richtung der Maserung arbeiten, die durch den dünnen Anstrich hindurch sichtbar bleiben sollte. Kurze Zeit (15–20 Minuten) trocknen lassen.
3 Das fusselfreie Tuch zu einem Bausch formen und die Fläche abwischen, so daß Maserung und Struktur noch stärker zum Vorschein kommen. 1 Stunde trocknen lassen.

Wichtig: Für strapazierfähigen Anstrich, eine oder zwei Lackschichten auftragen, jeweils 2–3 Stunden trocknen lassen.

Oben: Tür und Sockelleiste wurden in einem hübschen Blauton gestrichen. Der dünne Farbüberzug ergänzt hier in idealer Weise den farbigen Wandputz.

Rechts: Die kühle, blaßblaue Farbe dieses Küchenmöbels wurde passend zum Aga-Ofen gemischt und nach dem Auftragen ein wenig abgeschliffen (eventuell mit Stahlwolle). Abschließend wurde eine Schicht Kalkwachs aufgetragen (siehe Bildtext S. 102).

Rechts: Auch hier bringt Blau eine interessante Note ein; ein gutes Beispiel für antikisierte Farbe auf Holz (siehe S. 128). Der Rahmen des Kästchens wurde mit Indigo gestrichen; eine phantasievolle Betonung dieses zauberhaften Stückes in antikisierten Ockertönen.

Rechts: In zwei unterschiedlichen Blautönen gesprenkelt (siehe S. 106), bietet dieser Anstrich den idealen Rahmen für die kunstvolle Malerei auf dem beeindruckenden Wandpaneel. Sehr geschickt ist auch die Wiederholung der Farben auf der einfachen Abschlußleiste.

Links: Nochmals antikisierte Farbe auf Holz, diesmal im Ethnostil. Die Farbe des oft gestrichenen Regals wirkt stumpf und pulvrig. Dieser Effekt läßt sich erzielen, indem man 50 g Schlämmkreide zur Lasur gibt und vorsichtig abschleift.

PiKe
1930

ANTIKISIEREN VON FARBE

Diese wirkungsvolle Technik vermittelt den Eindruck übereinanderliegender Farbschichten, die sich nach jahrzehntelanger Abnutzung langsam abschälen. Das Nachahmen alter Farbe wurde, ebenso wie Krakelee (siehe S. 112–116), im 18. Jahrhundert in Frankreich entwickelt und stellt nach wie vor eine ausgezeichnete Methode dar, preisgünstigeres, neues Holz auf alt zu trimmen. Dunkle Rot- und Grüntöne passen zu Stil-Interieurs, helle, kontrastreiche Farben dagegen eher zu moderner Einrichtung. Durch leichteres oder stärkeres Schälen der Farbe kann man das Alter sozusagen selbst bestimmen. Damit das Stück ein authentisches Aussehen erlangt, sollte man zuerst originale alte Stücke ansehen und sich einprägen, an welchen Stellen natürliche Abnutzungserscheinungen auftreten.

GRUNDREZEPT – DUNKLES GELB AUF UMBRA GEBRANNT

MATERIALIEN

Wachsschicht ▶ 1 Dose Möbelwachs (klar) oder Bienenwachs, 250 ml
Farbschicht ▶ 2 EL Künstleracrylfarbe Umbra gebrannt / 1 EL Wasser
Emulsionsschicht ▶ 500 ml Vinylemulsion Weiß, matt / 2 EL Künstleracrylfarbe Kadmiumgelb / 1 EL Künstleracrylfarbe Bronzeocker / ½ EL Künstleracrylfarbe Venezianischrot
Lasuranstrich ▶ 500 ml Vinylemulsion Weiß, matt / 1 EL Künstleracrylfarbe Kadmiumgelb / ½ EL Künstleracrylfarbe Bronzeocker / 4 EL Wasser
Zusätzlicher Schutzanstrich ▶ 250 ml Möbelwachs (klar) oder 500 ml Acrylklarlack, seidenmatt

ARBEITSGERÄTE

1 Haushaltspinsel, 25 mm / Bleistift / Papier (für Skizzen) / 3 Behälter zum Mischen von Farbe, Emulsion und Lasur / 1 Flächenstreicher, 25 mm / 2 Flächenstreicher, 50 mm / Spachtel / Tücher / Sandpapier mittlerer Körnung / 1 Lackpinsel, 50 mm (bei Bedarf)

ANLEITUNG

Wachsschicht

Mit dem Haushaltspinsel Wachs auf die Stellen der vorbehandelten Holzflächen tupfen, die nachher freigelegt werden sollen. Auf den gewachsten Stellen haftet die Farbe nicht dauerhaft, deshalb sollte man sich vorher genau überlegen, wie der fertige Anstrich aussehen soll, und einen Plan für die spätere Behandlung der Fläche zeichnen. Länge, Form und Abstand der gewachsten Stellen so oft wie möglich variieren. Es empfiehlt sich, das Wachs gleichmäßig, Strich für Strich, aufzutragen. Danach 24 Stunden trocknen lassen.

Farbschicht

1 Umbra gebrannt in einen Behälter geben und unter Rühren nach und nach Wasser hinzufügen.
2 Mit dem 25mm-Flächenstreicher die Farbschicht in Richtung der Maserung auftragen und 1 Stunde trocknen lassen.

Emulsionsschicht

1 Emulsion in den zweiten Behälter gießen. Kadmiumgelb, Bronzeocker und Venezianischrot hinzufügen, gut verrühren.

Links: Bei diesem Beistelltisch kam eine abgekürzte Version der Technik des Antikisierens von Farbe zum Einsatz. Das leuchtende Gelb der Farbschicht enthält 3 EL Kadmiumgelb, die Emulsionsschicht wurde ausgelassen, und die Lasur enthält 2 EL Leuchtgrün.

ANTIKISIEREN VON FARBE

❶ DUNKLES GELB AUF UMBRA GEBRANNT
Das Grundrezept: Eine natürliche Farbmischung, die typisch für französische Landhäuser ist. Aufgrund der Strapazierfähigkeit für Küchen geeignet.

❷ BURGUNDERROT AUF KORALLE
Variation des Grundrezepts: Satte Farben, die ebenfalls rustikalen Charakter haben. Die Farbschicht wurde ausgelassen, die Emulsionsschicht enthält 2 EL Kadmiumrot, ½ EL Titanweiß und ½ EL Siena natur, die Lasur 2 EL Siena natur und 1 EL Eisenoxid.

❸ HELLES BLAU AUF ULTRAMARIN
Auch hier wurde die Farbschicht ausgelassen. Die Emulsionsschicht enthält 3 EL Ultramarinblau, die Lasur 1 EL Kobaltblau, 1 EL helles Ultramarinblau und 1 EL Titanweiß.

❹ PURPUR AUF STEINGRAU
Eine moderne Version; die Farbschicht wurde mit 50 g Pulverpigment gelber Ocker getönt. Die anderen Anstriche verwenden Acrylfarben: 3 EL gelber Ocker für die Emulsion; 2 EL Brillantpurpur und 1 EL Kobaltblau für die Lasur.

2 Mit einem 50 mm-Haushaltspinsel eine gleichmäßige Farbschicht in Richtung der Maserung auf die gesamte Fläche auftragen und 2–3 Stunden trocknen lassen.

Lasuranstrich

1 Emulsion in den dritten Behälter gießen. Kadmiumgelb, Bronzeocker und unter Rühren Wasser hinzufügen.
2 Mit dem anderen Haushaltspinsel in Richtung der Maserung eine gleichmäßige Schicht auftragen und kurz (ungefähr 35 Minuten) trocknen lassen.

Nachbehandlung der Farbe

1 Mit Hilfe des Plans an den gewachsten Stellen so viele Farbschichten wie möglich mit der Spachtel und einem Tuch entfernen.
2 Rauhe Kanten mit Sandpapier abschleifen.

Wichtig: Damit der Anstrich strapazierfähig wird, die Oberfläche mit Möbelwachs oder einer Lackschicht versiegeln und 2–3 Stunden trocknen lassen.

SKANDINAVISCHE FARBEN

Die Türe wurde in typisch skandinavischen Tönen mit der Antikisierungstechnik für Farben (siehe S. 128) gestrichen, an der Wand daneben befindet sich eine charakteristische Malerei im Blumendesign.

In jüngster Zeit wurde die traditionelle Farbpalette der skandinavischen Länder immer beliebter, da diese Farben eine sehr natürliche Atmosphäre vermitteln. Die verschwommenen, kühlen Blau- und Grüntöne der nordischen Landschaft werden hier und dort durch verschiedene Erdfarben ergänzt, die in den typischen floralen Ornamenten vorkommen. In den langen Wintermonaten verbrachten die Bauern viele Stunden mit dem Schnitzen und Bemalen von Schränken und Kommoden, die heute so populär sind. Die charakteristische Schlichtheit der Formen macht den skandinavischen Stil zum idealen Design für Küche und Badezimmer.

Diese Anleitung beinhaltet einen einfachen, schmucklosen, alt wirkenden Anstrich, der sich gut mit den Farben der skandinavischen Palette ausführen läßt. Da die angewandte Technik mit gebrochenen Farben – das heißt: Lasur auf kontrastierendem, mattem Grund, die teilweise wieder abgerieben wird – arbeitet, bietet sie Authentizität ebenso wie starke Struktur und viel Körper. Der Anstrich ist ideal für stark beanspruchte Möbelstücke, und da Produkte auf Wasserbasis verwendet werden, leicht auf die meisten Holzflächen aufzutragen.

GRUNDREZEPT – BLAUGRAU AUF EFEUGRÜN

MATERIALIEN

Basisanstrich ▶ 500 ml Vinylemulsion Weiß, matt / 3 EL Künstleracrylfarbe Hooker-Grün / 2 EL Künstleracrylfarbe helles Olivgrün

Lasuranstrich ▶ 500 ml Vinylemulsion Weiß, matt / 3 EL Künstleracrylfarbe Monestialblau / 1 EL Künstleracrylfarbe Kobaltblau / 1 EL Künstleracrylfarbe Paynesgrau / 2 EL Wasser (ein Anstrich)

Zusätzlicher Schutzanstrich ▶ 500 ml Acrylklarlack, seidenmatt

ARBEITSGERÄTE

2 Flächenstreicher, 50 mm / 2 Behälter zum Mischen von Farbe und Lasur / Tücher / 1 Lackpinsel, 50 mm (bei Bedarf)

SKANDINAVISCHE FARBEN

ANLEITUNG

Basisanstrich

1 Emulsion in einen Behälter gießen. Hooker-Grün und helles Olivgrün hinzufügen und gut verrühren.

2 Farbe auf die vorbehandelte Fläche in Richtung der Maserung auftragen und 2–3 Stunden trocknen lassen.

Lasuranstrich

1 Emulsion in den anderen Behälter gießen. Monestialblau, Kobaltblau, Paynesgrau und unter Rühren nach und nach Wasser hinzufügen.

2 In Maserungsrichtung auf die gesamte Fläche auftragen.

3 Nachdem der Anstrich angezogen hat, jedoch noch nicht trocken ist (nach ca. 30 Minuten), mit einem Tuch vorsichtig wieder in Richtung der Maserung abwischen und den Basisanstrich teilweise freilegen. 2–3 Stunden trocknen lassen.

Wichtig: Damit die Farbe intensiver wird, wiederholt man den Lasuranstrich entweder, oder man gibt kein Wasser zur ersten Lasur. Dann trocknet die Lasur schneller, daher nicht warten, bis sie anzieht, sondern sofort abwischen. Um eine

❶ BLAUGRAU AUF EFEUGRÜN
Klassische Farben, die eine ideale Basis für Dekorationen darstellen: Die Lasur trocknete ca. 10 Minuten lang.

❷ GRÜN AUF STEINGRAU
Der Basisanstrich enthält 2 EL gelben Ocker, die Lasur 3 EL Waldgrün und 1 EL Monestialgrün.

❸ GRAU AUF BLASSEM BLAU
3 EL Kobaltblau im Basisanstrich, 3 EL Grau neutral und 2 EL Umbra gebrannt in der Lasur erzeugen diese Blautöne.

❹ KORALLE AUF UMBRA
Eine moderne Alternative: Der Basisanstrich wird mit 4 EL Umbra gebrannt gefärbt, die Lasur mit 2 EL Siena natur.

strapazierfähige Oberfläche zu erhalten, trägt man eine Lackschicht auf.

Außenflächen: Am besten folgt man der skandinavischen Tradition und verwendet für die Außenflächen Holzbeize. Das Grundrezept dafür finden Sie auf Seite 117. Verwenden Sie statt der dort angegebenen Künstlerölfarben die entsprechenden skandinavischen Farben. Für Außenflächen aus Holz, wie Fensterrahmen und -läden, können dieselben Beizen auf Ölbasis verwendet werden. Um besondere Widerstandsfähigkeit zu gewährleisten, abschließend seidenmatten Polyurethanlack auftragen und 24 Stunden trocknen lassen.

Der extravagante Charakter dieses skandinavischen Interieurs wird durch die Trompe-l'oeil-Fenster verstärkt. Die Paneele und schön verzierten Stühle wirken hingegen eher traditionell.

SHAKER-FARBEN

Der Shaker-Stil findet heutzutage viele Anhänger. Möglicherweise ist es das einfache Leben der Shaker und ihr Zusammenhalt, der viele Menschen anspricht. Jeder Aspekt des täglichen Lebens unterlag einer gewissen Ordnung, die sich in der schlichten Architektur und Einrichtung widerspiegelt.

Die Shaker strichen ihre Arbeitsgebäude außen in Braun- und Gelbtönen; die teurere weiße Farbe wurde für Gemeinschaftsgebäude aufgespart. Wohnhäuser waren außen oft in Beige gestrichen und die Holzflächen im Inneren dunkelbraun, flaschengrün oder dunkelrot. Die Gläubigen bevorzugten auffällige Farben, und obwohl ihre Möbel keinerlei Verzierungen hatten, waren die Farben und Formen äußerst ansprechend.

Innerhalb der genügsamen, autark lebenden Gemeinschaft waren Farben oft schwer erhältlich und mußten aus zur Verfügung stehenden Materialien erzeugt werden. Als Bindemittel wurde Milch verwendet, gemischt mit wertvollen Pulverpigmenten und Kalk. Die aus diesen einfachen Materialien hergestellten Milchfarben (Kaseinfarben) waren billig, dauerhaft und trockneten zu einem deckenden, glatten Anstrich mit einer Farbtiefe, die bei synthetischen Farben kaum zu finden ist. Auch heute noch sind Milchfarben, in einer Vielzahl von Shaker-Tönen, im Handel erhältlich; als Fertigmischung mit Buttermilch, in Pulverform aus entrahmter Milch oder einfach nur als Pigment mit Mischanleitung. Diese Farben eignen sich zweifellos am besten für die Herstellung der authentischen Shaker-Farben unseres Rezepts.

Für den Shaker-Stil typische dunkelbraune Holzpaneele. Meist verwendete man Ahorn- und Kiefernholz.

GRUNDREZEPT – DUNKLES KOLONIALROT AUF GELBEM OCKER

MATERIALIEN

Basisanstrich ▶ 500 ml Milch-(Kasein-)Farbe gelber Ocker (ein Anstrich)
Wachsschicht ▶ 500 ml Bienenwachs oder Möbelwachs (klar)
Schlußanstrich ▶ 500 ml Milch-(Kasein-)Farbe Dunkelrot
Zusätzlicher Schutzanstrich ▶ 1 Liter Polyurethanklarlack, seidenmatt

ARBEITSGERÄTE

2 oder 3 Haushaltspinsel, 50 mm / 1 Haushaltspinsel, 25 mm / Stahlwolle / Wegwerfhandschuhe

ANLEITUNG

ARBEITSBEREICH STETS GUT BELÜFTEN.

Basisanstrich

Milch-(Kasein-)Farbe gelber Ocker gut verrühren. Mit einem 50 mm-Haushaltspinsel gleichmäßig (siehe S. 34) auf die vorbehandelte Fläche auftragen und 24 Stunden trocknen

❶ DUNKLES KOLONIALROT AUF OCKER
Das Grundrezept verwendet die typischen intensiven Shaker-Farben. Der helle Grund schafft einen wunderbaren Antikisierungseffekt.

❷ ANTIKGELB AUF MARINEBLAU
Eine weitere beliebte Kombination. Der Knauf wird am stärksten abgenutzt, der Antikisierungseffekt kann jedoch auf andere Bereiche ausgedehnt werden.

❸ OCKER AUF DUNKELROT
Umgekehrte Verwendung der Farben des Grundrezepts.

❹ MARINEBLAU AUF OCKER
Eine hübsche Kombination, typisch für die unverfälschten Shaker-Farben. Idealer Anstrich für Küche oder Bad.

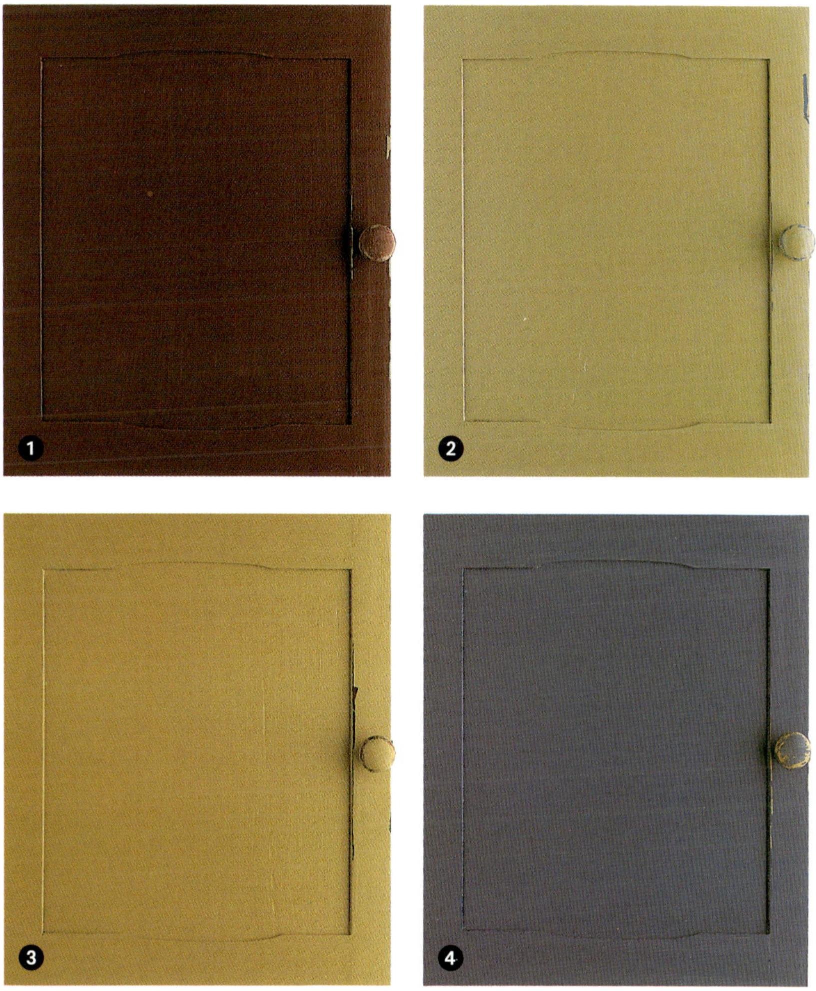

lassen. Die aufgetragene Milchfarbe wird so deckend und glatt, daß oft kein zweiter Anstrich erforderlich ist.

Wachsschicht

Mit dem 25 mm-Haushaltspinsel das Bienenwachs großzügig auf die Stellen auftragen, die danach abgeschliffen werden sollen. (Der anschließende Anstrich haftet nicht dauerhaft auf den gewachsten Stellen.) 1 Stunde trocknen lassen.

Schlußanstrich

1 Dunkelrote Milchfarbe gut verrühren, mit dem anderen 50 mm-Haushaltspinsel eine gleichmäßige Schicht auftragen und 24 Stunden trocknen lassen.
2 Handschuhe anziehen und mit der Stahlwolle vorsichtig über die Stellen reiben, auf denen Wachs aufgetragen wurde, bis die darunterliegende Ockerfarbe freigelegt ist.

Wichtig: Damit der Anstrich strapazierfähiger wird, mit dem dritten 50 mm-Pinsel zwei Lackschichten auftragen und jede Schicht 24 Stunden trocknen lassen.

Diese Tragekistchen wurden mit Produkten auf Wasserbasis bemalt, die mehr Möglichkeiten für Farbvariationen bieten. Man sollte jedoch auf alle Fälle Bilder oder Fotos als Vorlagen verwenden, um stimmige Shaker-Farben zu mischen. Fast alle der hier gezeigten Farben sind Künstleracrylfarben, die mit 500 ml seidenmatter Vinylemulsion gemischt wurden.

Der steinfarbene Basisanstrich der Kistchen in Braun und mattem Pink enthält 2 EL gelben Ocker. Der braune Schlußanstrich entstand durch eine Mischung aus 3 EL Umbra natur, 1 EL gelbem Ocker und 1 EL Umbra gebrannt. Für das matte Pink wurden 2 EL Kadmiumrot, 1 EL Umbra natur und ¼ EL Kobaltblau verwendet.

Der Grünton enthält 3 EL Blattgrün sowie 1 EL Umbra natur und wurde auf den oben beschriebenen Pinkton aufgetragen. Seidenmatte dunkelblaue Emulsionsfertigmischung auf einem Basisanstrich mit 2 EL Kobaltblau machen den Anstrich des letzten Kistchens aus.

❺ MEERGRÜN AUF WEISS
Der Grünton besteht aus 3 EL Chromoxidgrün, 1 EL Kobaltblau und 500 ml weißer, seidenmatter Vinylemulsion. Auch dieser klare Farbton ist an die Shaker-Tradition angelehnt.

❻ TERRAKOTTA AUF GRAU
Ein satter Ton, der gut in Küche oder Bad passen würde. Der Terrakotta-Ton ist eine Fertigmischung aus seidenmatter Vinylemulsion, für den Basisanstrich mischt man 500 ml weiße, seidenmatte Vinylemulsion mit 2 EL Grau neutral.

❼ BEIGE AUF HELLEM BLAU
Eine helle Mischung, jedoch ebenfalls typisch für den Shaker-Stil. Der Basisanstrich besteht aus 2 EL Kobaltblau auf 500 ml Vinylemulsion; der Beigeton aus 2 EL gelbem Ocker in 500 ml Vinylemulsion.

❽ HELLES BLAU AUF TERRAKOTTA
Eine weitere lebhafte Kombination. Als Basisanstrich dient, wie in Beispiel 6, Terrakotta-Fertigmischung, für den Schlußanstrich verwendet man 3 EL Kobaltblau und 500 ml weiße, seidenmatte Vinylemulsion.

SHAKER-FARBEN AUF WASSERBASIS

Milchfarben benötigen eine lange Trocknungszeit, daher sind Emulsionsfarben auf Wasserbasis vielleicht manchmal die bessere Lösung. Es gibt sie bereits als Fertigmischungen in den intensiven Shaker-Tönen. Speziell für kleine, dunkle Räume empfiehlt es sich, eher diese Farben zu verwenden, da die dichten, ebenmäßigen Anstriche mit echten Shaker-Farben hier wahrscheinlich etwas zu beengend wirken.

Folgen Sie den Mengenangaben des Grundrezepts, allerdings statt der Milchfarbe Fertigmischungen oder seidenmatte Vinylemulsion mit der benötigten Menge an Künstleracrylfarben verwenden. Den Schlußanstrich muß man möglicherweise zweimal auftragen, wenn man dieselbe Farbtiefe wie mit echten Milchfarben erreichen möchte. Jeder Anstrich sollte 2–3 Stunden trocknen. Bienenwachs und Stahlwolle wie oben beschrieben anwenden. Abschließend zweimal seidenmatten Acrylklarlack auftragen.

KAMMZIEHEN

Die Kammzugtechnik entwickelte sich aus dem Maserieren, wirkt jedoch regelmäßiger und damit weniger realistisch. Sie ist eine beliebte Methode zum Veredeln von Möbelstücken, eignet sich jedoch nicht für große Paneele, da auf großen Flächen das Muster leicht verwackelt wird. Man kann leuchtende, auffällige Farben kombinieren, den besten Effekt erzielt man mit dieser Methode jedoch mit einem weißen oder hellen Basisanstrich. Das Rezept enthält Produkte auf Ölbasis, die eine längere Trocknungszeit haben und länger bearbeitet werden können. Fehler lassen sich dadurch leichter ausgleichen. Gummikämme (siehe S. 29) sind überall erhältlich, lassen sich jedoch auch aus Karton oder dem Deckel eines Plastikbehälters leicht selbst herstellen. Am besten arbeitet man auf einer waagrechten Fläche, und falls das nicht möglich ist, von einer oberen Ecke ausgehend. Durch die Verwendung unterschiedlich großer Kämme und Ziehen in verschiedene Richtungen lassen sich viele verschiedene Effekte, wie Moiré, Zickzack- und Spankorbmuster, herstellen.

GRUNDREZEPT – UMBRA GEBRANNT AUF TERRAKOTTA

MATERIALIEN

Basisanstrich ▶ 500 ml geruchsarme Eierschalenfarbe, Weiß / 1 ½ EL Künstlerölfarbe gelber Ocker / ½ EL Künstlerölfarbe Venezianischrot / ¼ EL Künstlerölfarbe Umbra natur

Lasuranstrich ▶ 500 ml vorgemischte Öllasur (transparent) / 3 EL Künstlerölfarbe Umbra gebrannt / 1 EL Künstlerölfarbe Umbra natur / 200 ml Testbenzin

Schutzanstrich ▶ 500 ml glanzloser Lack auf Ölbasis

ARBEITSGERÄTE

2 Behälter zum Mischen von Farbe und Lasur / 3 Haushaltspinsel, 50 mm / 1 Stupfpinsel oder große, flache Bürste / Wegwerfhandschuhe / Kamm / Tücher

ANLEITUNG

ARBEITSBEREICH STETS GUT BELÜFTEN.

Basisanstrich

1 Eierschalenfarbe in einen Behälter gießen. Gelben Ocker, Venezianischrot und Umbra natur einrühren.

2 Mit einem Haushaltspinsel auf die vorbehandelte Fläche gleichmäßig deckend auftragen, 24 Stunden trocknen lassen.

Lasuranstrich

1 Öllasurmittel in einen Behälter gießen. Umbra gebrannt, Umbra natur und unter Rühren Testbenzin hinzufügen.

2 Lasur mit einem anderen Haushaltspinsel gleichmäßig auf die Malfläche auftragen.

3 Mit dem Stupfpinsel (oder der flachen Bürste) die Fläche »stupfen« und die Pinselspuren beseitigen (siehe S. 35).

4 Handschuhe anziehen und die Zähne des Kamms senkrecht zur Fläche halten. Dabei den Arm nach Möglichkeit ausgestreckt, gerade und ruhig halten. Auf diese Weise den Kamm von oben nach unten über die Fläche ziehen (siehe S. 37). Nach jedem Zug den Kamm mit einem Tuch abwischen. Versuchen Sie, die Spuren nicht überlappen zu lassen und nicht mitten im Zug abzusetzen. Es bringt nichts, den Kamm ein zweites Mal über eine fehlerhafte Stelle zu ziehen, da man dabei mehr Farbe abnimmt und so den Fehler noch verstärkt. In diesem Fall die Lasur mit einem in Testbenzin getauchten Tuch abwischen, nochmals auftragen und wieder neu ziehen. Nach dem Ziehen 24 Stunden trocknen lassen.

Schutzanstrich

Mit dem dritten Haushaltspinsel eine gleichmäßige Lackschicht auftragen und 24 Stunden trocknen lassen.

❶ UMBRA GEBRANNT AUF TERRAKOTTA
Das Grundrezept: Kammziehen eignet sich für strapazierfähige Anstriche und daher für alle stark beanspruchten Möbel. Paßt auch gut zu Stileinrichtung.

❷ GELB AUF WEISS
Der hübsche Gelbton besteht aus 3 EL Kadmiumgelb, der Basisanstrich einfach nur aus weißer Eierschalenfarbe.

❸ DUNKELGRÜN AUF BLASSEM GRÜN
Der helle Grund enthält 1 ½ EL Chromoxidgrün, die Lasur 2 EL Chromoxidgrün und ½ EL Viridiangrün.

❹ BLAU AUF WEISS
Eine weitere Lasur mit weißem Eierschalengrund. Der Blauton ergibt sich aus 2 EL Kobaltblau.

STEINTECHNIKEN

Die Steintechniken zählen zu den exquisitesten Maltechniken. Ihr Zweck geht über den eines normalen Anstriches hinaus, sie schaffen Illusionen, verleiten den Betrachter zu der Ansicht, echten Stein vor sich zu haben. Normalerweise sollte man sie nur dort anwenden, wo auch echter Stein passend wäre, aber mit ein bißchen Phantasie kann man damit auch in ungewöhnlichen Umgebungen die tollsten Effekte erzielen.

Viele Steintechniken, speziell das Marmorieren, schaffen imposante, beeindruckende Wände. Selbst eine unscheinbare Ecke kann durch eine Marmorierung in den Mittelpunkt gerückt werden. Bäder sind ideal für diese Anwendung: Es macht Spaß, Imitationseffekte für Paneele, Schränke und sogar an der Außenseite der Badewanne auszuprobieren. Speziell architektonische Details (Fußleisten, Architrave und Wandschienen) sowie Tischplatten sind für diesen Effekt geeignet. Kamineinfassungen können mit einer Steinimitation, z. B. Granit, äußerst beeindruckend wirken, jedoch muß man auf die richtige Form achten, oder die Täuschung ist nicht perfekt.

Oben: Kücheneinrichtung mit Sandsteineffekt, ähnlich dem Grundrezept (siehe S. 148). Die sanften, verschwommenen Farben lockern die glatten, funktionellen Formen auf.

Bei modernen Designereinrichtungen findet man oft die dezenteren Ausführungen, wie Granit und Sandstein, zusammen mit einem Wandanstrich. Damit erzielt man erstaunliche Wirkung und kann einen idealen Hintergrund für ausgesuchte *Objets d'art* schaffen. Hält man sich an die einfacheren Techniken und klassischen Ausführungen, lassen sich solch professionelle Effekte leicht erzielen. Steinimitationen eignen sich auch für einfachere Zwecke. Die rustikale Terrakotta-Atmosphäre paßt hervorragend in Landhäuser und verleiht auch Häusern in weniger begünstigten Klimazonen einen mediterranen Touch. Terrakotta-Imitationen kann man auf jeder

Rechts: Der Graniteffekt auf diesem urnenförmigen Leuchtenfuß erinnert ganz und gar nicht an einen Friedhof. Die Streifen mit fein antikisierter Vergoldung (siehe S. 180) machen das Stück klassisch und traditionell.

Links: Der Kamin in einem prunkvollen Anwesen, dem Landsitz einiger Mitglieder der Londoner Bloomsbury-Gruppe. Der Graniteffekt, der gröber als der auf S. 152 beschriebene ist, wurde möglicherweise mit mehreren Schichten verschmierter Farbe erzeugt. Ein schönes Beispiel für den Bloomsbury-Stil.

Unten: Ein Phantasiestein-Effekt, ähnlich dem Granitanstrich auf S. 152, hier auf einer Wand unter einem falschen Paneel. Paßt hervorragend zu Stileinrichtungen, aber auch in moderne Wohnungen.

Oberfläche anwenden; sie eignen sich speziell für Gartenmöbel und -dekorationen. In Gartenzimmer oder Wintergarten passen auch die dezenteren Ausführungen wie z. B. Sandstein.

Fachleute tragen Steinimitationen oft auf Gesso-Grundierungen auf, damit der Effekt besonders ebenmäßig wird; bei neuen oder gut vorbehandelten Flächen ist dies jedoch nicht erforderlich. Die meisten der hier beschriebenen Rezepte verwenden Produkte auf Wasserbasis, dadurch gibt es mehr Möglichkeiten, den Anstrich auf verschiedenen Flächen vorzunehmen.

Die auffälligen Effekte wie Porphyr und Lapislazuli sind reine Phantasietechniken. Ihre Farbintensität wirkt theatralisch, deshalb ist es besser, sie nur in kleinerem Rahmen oder für Dekorationsgegenstände einzusetzen. Überhaupt eignen sich die meisten Steintechniken für kleinere Gegenstände, wie z. B. den Fuß einer Leuchte oder einen Kerzenhalter; oder man kombiniert sie mit dekorativen Techniken wie dem Vergolden (siehe S. 180). Alle diese Effekte sind für eine Vielzahl von Oberflächen geeignet. Beachten Sie dazu den Farbcode am Beginn jedes Eintrags sowie die Erklärung auf Seite 41.

MARMORIEREN

Marmorieren kommt von allen Steintechniken vermutlich am öftesten zum Einsatz. Durch genaues Studium der Erscheinungsformen echten Marmors und intensives Üben kann man exakte Kopien jeder beliebigen Marmorart herstellen. Hier werden jedoch zwei falsche d.h. Phantasiearten beschrieben. Damit das Ergebnis ein Erfolg wird, sollte man allerdings auch hier nicht übertreiben. Für authentische Effekte verwendet man Bilder von echtem Marmor als Vorlage. Vor Arbeitsbeginn legt man das grundlegende Muster für die Äderung und die anderen Zeichnungen fest und verwendet für die Lasuren ähnliche Farben, da bei zu kontrastreichen Farben mit keinem überzeugend wirkenden Ergebnis zu rechnen ist.

GRUNDREZEPT – GRAUER PHANTASIEMARMOR

MATERIALIEN

Basisanstrich ▸ 500 ml weiße, geruchsarme Eierschalenfarbe / 2 EL Künstlerölfarbe Grau neutral

Erster Lasuranstrich ▸ 375 ml Fertigmischung Öllasurmittel (transparent) / 3 EL Künstlerölfarbe Zinkweiß / ca. 200 ml Testbenzin

Zweiter Lasuranstrich ▸ 375 ml Fertigmischung Öllasurmittel / 2 EL Künstlerölfarbe Grau neutral / 1 EL Künstlerölfarbe Zinkweiß / ca. 200 ml Testbenzin

Erste Äderung ▸ 1 EL Künstlerölfarbe Schwarz / ½ EL Testbenzin

Zweite Äderung ▸ 1 EL Künstlerölfarbe gelber Ocker / ½ EL Testbenzin

Versiegelung ▸ 500 ml Polyurethanklarlack, seidenmatt / 50 g Schneiderkreide

ARBEITSGERÄTE

3 große und 2 kleine Behälter zum Mischen von Farbe und Lasur / 2 Haushaltspinsel, 50 mm / 2 Haushaltspinsel, 25 mm / Dachshaarvertreiber oder kleiner Vertreiber / Naturhaarpinsel / Schlepper oder dünner Künstlerpinsel / Tuch

ANLEITUNG

ARBEITSBEREICH STETS GUT BELÜFTEN.

Basisanstrich

1 Eierschalenfarbe in einen großen Behälter gießen. Grau neutral hinzufügen und gut verrühren.

2 Mit einem 50 mm-Pinsel gleichmäßig (siehe S. 34) auf die vorbehandelte Fläche auftragen und 24 Stunden trocknen lassen.

Erster Lasuranstrich

1 Öllasurmittel in den zweiten großen Behälter gießen. Zinkweiß und unter Rühren nach und nach 150 ml Testbenzin hinzufügen.

2 Lasur mit einem 25 mm-Haushaltspinsel auf den Basisanstrich mit diagonalen, ungleichmäßigen Pinselstrichen auftragen, dabei rund ein Viertel des Basisanstrichs aussparen.

3 Mit dem Dachshaarvertreiber (oder dem kleinen Vertreiber) leicht über die Lasur streichen, um die Pinselspuren zu verwischen (siehe S. 34).

4 Mit dem Naturhaarpinsel das verbleibende Testbenzin teilweise auf die Fläche spritzen, dadurch verteilt sich die Lasur ein wenig und verleiht dem Effekt größere Tiefe.

Zweiter Lasuranstrich

1 Öllasurmittel in den dritten großen Behälter gießen. Grau neutral, Zinkweiß und unter Rühren nach und nach 150 ml Testbenzin hinzufügen.

2 Mit dem zweiten 25 mm-Haushaltspinsel die zweite Lasur ungleichmäßig auf Teile der von der ersten Lasur freigelassenen Stellen streichen. Danach sollte der Basisanstrich immer noch teilweise sichtbar sein.

3 Die Pinselspuren, wie oben angegeben, verwischen und das verbleibende Testbenzin auf die Lasur spritzen.

Erste Äderung

1 Schwarze Ölfarbe in einen kleinen Behälter geben. Nach und nach Testbenzin hinzufügen und gut verrühren.

2 Die Farbe mit dem Schlepper (oder dem dünnen Künstlerpinsel) auftragen, dabei auf der nassen Lasur dünne, gewundene Linien ziehen. Die Fläche diagonal bearbeiten und den Verlauf jeder Ader anders gestalten. Einige Linien vertikal verlaufen lassen, manche über die gesamte Fläche ziehen und immer wieder Verzweigungen bilden. Damit der Effekt authentisch wird, darf die Ausführung nicht zu einheitlich sein.

❶ GRAUER MARMOR
Der Beginn der letzten Phase des Grundrezepts: Die Äderung ist abgeschlossen, und der Effekt wurde mit dem kleinen Vertreiber abgeschwächt. Bild A zeigt die erste Lasurphase: Auf einige Stellen wurde weiße Lasur aufgetragen, der Basisanstrich bleibt teilweise sichtbar. Die Lasur wurde verwischt und verteilt. Bild B zeigt die zweite, dunklere Lasur mit der ersten Äderung. Schwarz und Weiß verschmelzen zu authentischen, farbig abgestuften Adern.

A

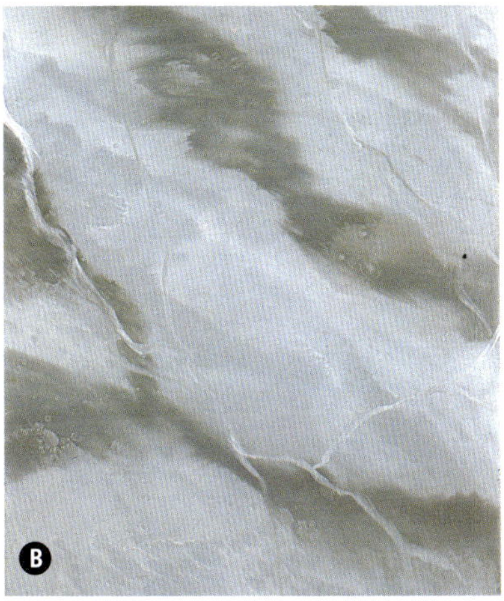
B

❶

Die Paneele dieses Zimmers wurden mit natürlichen Sandfarben marmoriert. Als hübsche Ergänzung dienen der Kerzenhalter und die alten Gemälde. Ein gutes Beispiel für einen wirklich gelungenen, authentischen Marmoreffekt.

Zweite Äderung

1 Gelben Ocker in den zweiten kleinen Behälter geben. Nach und nach Testbenzin hinzufügen und gut verrühren.
2 Fläche noch stärker ädern – es werden weniger und feinere Linien aufgetragen als bei der ersten, schwarzen Äderung.
3 Mit dem Vertreiber vorsichtig über die Äderung streichen. Anschließend 24 Stunden trocknen lassen.

Versiegelung

1 Mit dem anderen 50 mm-Haushaltspinsel eine Lackschicht auftragen und 12 Stunden trocknen lassen.
2 Die teilweise getrocknete Fläche mit Schneiderkreide bestäuben und mit einem Tuch abtupfen – dadurch entsteht der für echten Marmor typische »gewolkte« Effekt.

VARIATION – SCHWARZ-GOLDENER PHANTASIEMARMOR

MATERIALIEN

Basisanstrich ▶ 500 ml schwarze, geruchsarme Eierschalenfarbe
Erster Lasuranstrich ▶ 250 ml Fertigmischung Öllasurmittel (transparent) / 3 EL Künstlerölfarbe Zinkweiß / 1 EL Künstlerölfarbe Chromoxidgrün / 200 ml Testbenzin
Zweiter Lasuranstrich ▶ 250 ml Öllasurmittel / 2 EL Künstlerölfarbe Zinkweiß / 1 EL Künstlerölfarbe gelber Ocker / 200 ml Testbenzin
Erste Äderung ▶ 1 EL Fertigmischung Öllasurmittel / 1 EL Künstlerölfarbe Zinkweiß / 1 EL Testbenzin
Zweite Äderung ▶ 1 EL Öllasurmittel / ½ EL Künstlerölfarbe Zinkweiß / ½ EL Künstlerölfarbe gelber Ocker / 1 EL Testbenzin
Schutzanstrich ▶ 500 ml Polyurethanklarlack, seidenmatt oder glanzloser Lack

ARBEITSGERÄTE

2 Haushaltspinsel, 50 mm / 2 große und 2 kleine Behälter zum Mischen der Lasur / 2 Haushaltspinsel, 25 mm / Dachshaarvertreiber oder kleiner Vertreiber / Naturhaarpinsel / Schlepper oder dünner Künstlerpinsel / Tuch

ANLEITUNG

ARBEITSBEREICH STETS GUT BELÜFTEN.

Basisanstrich

Eierschalenfarbe gut verrühren, mit einem 50 mm-Haushaltspinsel gleichmäßig auf die vorbehandelte Fläche auftragen (siehe S. 34) und 24 Stunden trocknen lassen.

Erster und zweiter Lasuranstrich

Wie beim ersten und zweiten Lasuranstrich des Grundrezepts, wieder nur 150 ml Testbenzin zur Lasur geben und die verbleibenden 50 ml zum Auflockern der Lasur verwenden.

Erste und zweite Äderung

Ebenso wie bei der ersten und zweiten Äderung des Grundrezepts Ölfarbe und Testbenzin auf die nasse Lasur malen.

Schutzanstrich

Mit dem anderen 50 mm-Pinsel eine Lackschicht auftragen und 24 Stunden trocknen lassen.

❷ SCHWARZ-GOLDENER MARMOR
Dieser Anstrich ermöglicht auffälligere, phantasievollere Effekte sowie zahlreiche Experimente mit Farbvariationen. Die hier verwendeten Lasuren sind dünner als beim Grundrezept, der Anstrich wird deshalb durchscheinender.

LAPISLAZULI

Es ist verständlich, weshalb der Lapislazuli mit seinen glitzernden goldfarbenen Kristalleinschlüssen als Stein des Himmels bezeichnet wird. Dieses seltene, kostbare Mineral wurde schon über Jahrhunderte immer wieder kopiert. Als Anstrich wirkt der Imitationseffekt eher bei kleineren Objekten, da es schwierig ist, die dabei angewendete Sprenkeltechnik bei großen Flächen einheitlich zu gestalten. In unserem Rezept werden Produkte auf Ölbasis verwendet, da sie langsamer trocknen und sich die Lasur dadurch länger bearbeiten und ausgleichen läßt.

GRUNDREZEPT – LAPISLAZULI

MATERIALIEN

Basisanstrich ▸ 500 ml weiße, geruchsarme Eierschalenfarbe
Erster Lasuranstrich ▸ 500 ml Fertigmischung Öllasurmittel (transparent) / 3 EL Künstlerölfarbe Ultramarinblau / 4 EL Testbenzin
Zweiter Lasuranstrich ▸ 250 ml Fertigmischung Öllasurmittel / 2 EL Künstlerölfarbe Schwarz / 2 EL Testbenzin
Erste Sprenkelfarbe ▸ 2 EL Fertigmischung Öllasurmittel / 1 EL Künstlerölfarbe Weiß / 2 EL Testbenzin
Zweite Sprenkelfarbe ▸ 2 EL Fertigmischung Öllasurmittel / 1 EL Künstlerölfarbe gelber Ocker / 2 EL Testbenzin
Dritte Sprenkelfarbe ▸ 2 EL Goldfarbe
Schutzanstrich ▸ 500 ml Polyurethanklarlack, seidenmatt

ARBEITSGERÄTE

2 Haushaltspinsel, 50 mm / 2 große und 3 kleine Behälter zum Mischen von Lasur und Farbe / 2 Haushaltspinsel, 25 mm / Dachshaarvertreiber oder kleiner Vertreiber / 3 Naturhaarpinsel

ANLEITUNG

ARBEITSBEREICH STETS GUT BELÜFTEN.

Basisanstrich

Eierschalenfarbe gut verrühren und mit einem 50 mm-Haushaltspinsel gleichmäßig (siehe S. 34) auf die Fläche auftragen und 24 Stunden trocknen lassen.

Erster Lasuranstrich

1 Öllasurmittel in einen großen Behälter gießen. Ultramarinblau und Testbenzin hinzufügen, gut verrühren.

2 Mit einem 25 mm-Haushaltspinsel und weit ausholenden, diagonalen Pinselstrichen Lasur auf die Fläche auftragen, dabei stellenweise den Basisanstrich durchscheinen lassen. Die ultramarinblaue Lasur wird am Ende die vorherrschende Farbe sein.

Zweiter Lasuranstrich

1 Öllasurmittel in den zweiten großen Behälter gießen. Schwarze Ölfarbe und nach und nach Testbenzin hinzufügen, gut verrühren.

2 Mit dem zweiten 25 mm-Haushaltspinsel die Lasur auf die kleinen freigelassenen Stellen auftragen, dabei die Fläche wieder diagonal bearbeiten.

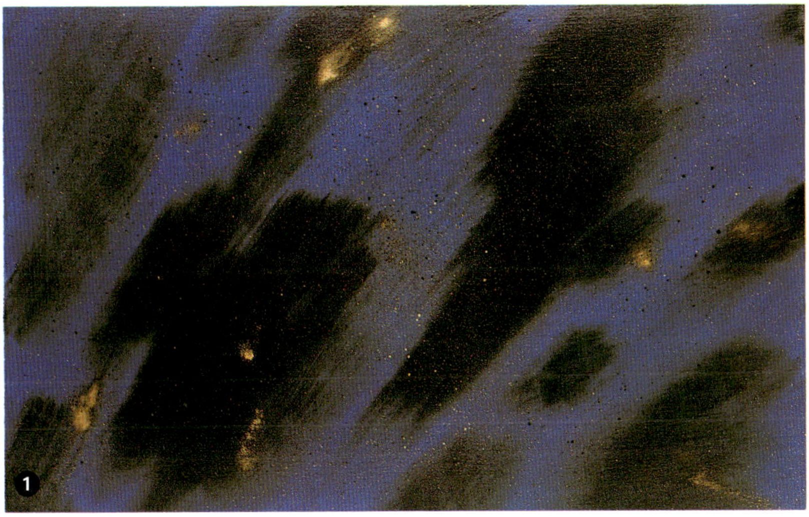

1 LAPISLAZULI
Dieses Beispiel zeigt das Grundrezept. Die Färbung von echtem Lapislazuli kann stark variieren – manchmal ist sie viel blasser oder rötlicher. Für das Mischen der Farbe sollte man daher den echten Stein oder Bilder als Vorlage nehmen. Für die Anwendung des Anstrichs eignen sich kleine Schachteln, Kerzenhalter oder der Fuß einer Leuchte.

3 Pinselspuren der beiden Lasuren mit dem Dachshaarvertreiber (oder kleinem Vertreiber) vorsichtig verwischen; nicht zu stark aufdrücken, damit die Lasur nicht gezogen wird.

Erste Sprenkelfarbe

1 Öllasurmittel in einen kleinen Behälter gießen. Weiße Ölfarbe und Testbenzin hinzufügen, gut verrühren.
2 Einen Naturhaarpinsel mit Lasur tränken und vorsichtig gegen einen zweiten, trockenen und sauberen Pinsel, der in der anderen Hand gehalten wird, schlagen. Dabei auf der gestrichenen Fläche einen feinen Nebel aus Farbspritzern erzeugen (siehe S. 36). Der Effekt soll nicht gleichmäßig ausfallen, deshalb manche Stellen stärker sprenkeln als andere. Je weniger Farbe auf dem Pinsel ist, desto feiner wird der aufgesprenkelte Punktenebel.

Zweite Sprenkelfarbe

1 Öllasurmittel in einen zweiten kleinen Behälter gießen. Gelben Ocker und Testbenzin hinzufügen, gut verrühren.
2 Einen zweiten Naturhaarpinsel mit Farbe tränken und nochmals einen feinen Punktenebel aufsprenkeln, dabei wie oben beschrieben vorgehen.

Dritte Sprenkelfarbe

Goldfarbe in den dritten kleinen Behälter gießen – die kleinen Gefäße, in denen sie normalerweise verkauft wird, sind ungeeignet. Den dritten Naturhaarpinsel damit tränken und mit derselben Methode eine sehr feine Sprenkelung vornehmen. Dieser Arbeitsschritt erzeugt den für Lapislazuli typischen Goldeffekt. Dabei sollte jedoch nicht zuviel Goldfarbe aufgetragen werden. Anschließend 24 Stunden trocknen lassen.

Schutzanstrich

Mit dem zweiten 50mm-Haushaltspinsel eine Lackschicht auftragen und 24 Stunden trocknen lassen.

SANDSTEIN

Dieser Effekt ist ideal, wenn Sie zum ersten Mal eine Steinimitation ausprobieren, da sich die weichen Farben leicht nachahmen lassen. Für das hier beschriebene Rezept werden Farben auf Wasserbasis verwendet, dadurch läßt sich einfach und rasch vorgehen, und das Ergebnis ist ein widerstandsfähiger, robuster Anstrich. Eine Wand mit Sandsteinimitation betont auf unaufdringliche Weise Charakter und Atmosphäre eines Raumes. Oft dient diese Ausführung auch als Ergänzung zur Steinblocktechnik (siehe S. 94). Bäder und Vorräume eignen sich für eine Sandsteinimitation ebenso wie Gartenmöbel und -dekorationen.

GRUNDREZEPT – SANDSTEIN

MATERIALIEN

Basisanstrich ▶ 500 ml Vinylemulsion Weiß, matt / 2 EL Künstleracrylfarbe Siena natur
Erster Lasuranstrich ▶ 500 ml Vinylemulsion Weiß, matt / 2 EL Künstleracrylfarbe Siena natur / 2 EL Wasser / Äthylalkohol (siehe Anleitung)
Zweiter Lasuranstrich ▶ 500 ml Vinylemulsion Weiß, matt / ½ EL Künstleracrylfarbe Grau neutral / 2 EL Wasser / Äthylalkohol
Dritter Lasuranstrich ▶ 500 ml Vinylemulsion Weiß, matt / 2 EL Wasser / Äthylalkohol
Schutzanstrich ▶ 500 ml Acrylklarlack, seidenmatt

ARBEITSGERÄTE

1 Flächenstreicher, 50 mm / 4 Behälter zum Mischen von Farbe und Lasur / 4 Naturschwämme / Wasser zum Befeuchten der Schwämme / Sprühflasche / 1 Lackpinsel, 50 mm

ANLEITUNG

Basisanstrich

1 Emulsion in einen Behälter gießen. Siena natur hinzufügen und gut verrühren.
2 Mit dem Flächenstreicher Farbe gleichmäßig auf die vorbehandelte Fläche auftragen, 2–3 Stunden trocknen lassen.

Erster Lasuranstrich

1 Emulsion in den zweiten Behälter gießen. Siena natur und nach und nach Wasser hinzufügen, gut verrühren.

❶ SANDSTEIN
Dieses Beispiel zeigt den Sandsteineffekt auf einer ebenen Holzfläche; Architekturdetails und Gipsobjekte eignen sich jedoch ebenfalls hervorragend für diesen Anstrich.

Bei diesem Gartentisch wurde der Sandsteineffekt auf zwei verschiedenen Flächen ausgeführt: Die Tischplatte besteht aus Hartfaser, der säulenförmige Fuß aus Hartplastik. Beide Flächen wurden vor dem Streichen einwandfrei vorbehandelt (siehe S. 43 und S. 47) und abschließend zweimal mit seidenmattem Polyurethanlack gestrichen.

2 Mit einem feuchten Schwamm die Lasur vorsichtig auf den Basisanstrich auftupfen (siehe S. 35).
3 Die Sprühflasche mit Äthylalkohol füllen und die Fläche mit einem feinen Nebel besprühen; dadurch wird die Lasur leicht aufgelockert, was dem Effekt größere Tiefe verleiht.
4 Die Fläche mit einem feuchten Schwamm abtupfen.

Zweiter Lasuranstrich

1 Emulsion in einen dritten Behälter gießen. Grau neutral und nach und nach Wasser hinzufügen und gut verrühren.
2 Mit einem dritten feuchten Schwamm die Lasur auf die noch feuchte Fläche tupfen, dabei die beiden Lasuren ineinander übergehen lassen.
3 Nochmals Äthylalkohol aufsprühen und 2 Stunden trocknen lassen.

Dritter Lasuranstrich

1 Emulsion in den vierten Behälter gießen. Nach und nach Wasser hinzufügen und gut verrühren.
2 Mit einem vierten feuchten Schwamm die Lasur vorsichtig auf die Fläche tupfen.
3 Mit Äthylalkohol besprühen, 2 Stunden trocknen lassen.

Schutzanstrich

Mit dem Lackpinsel eine Lackschicht auftragen, 2–3 Stunden trocknen lassen.

Außenflächen: Statt des Acryllacks zwei Schichten seidenmatten Polyurethanlack auftragen.

PORPHYR

Echter Porphyr, der fast auf der ganzen Welt vorkommt, wird oft für Säulen und Architrave und manchmal auch für Kamine verwendet. Englischer Porphyr ist dunkelrot, französischer grün oder blaßpurpur und in Dänemark und Schweden weist er oft eine pink- oder granitfarbene Äderung auf. Wie andere Steinimitationen wird der Porphyr-Effekt mit mehreren Sprenkelschichten erzeugt, die die Körnung des Steins nachahmen. Weil es schwierig ist, einen einheitlichen Sprenkeleffekt auf einer großen Fläche zu erzielen, sollte man diese Technik nur auf kleineren Objekten einsetzen. Hier werden rasch trocknende Produkte auf Wasserbasis verwendet, traditionell nimmt man aber Farben und Lasuren auf Ölbasis.

Dieser Gipskopf wurde nach der im Grundrezept beschriebenen Anleitung bemalt. Die satten dunklen Farben betonen das klassisch wirkende Objekt. Für eine Außendekoration müßte man einen zusätzlichen Schutzanstrich aus zwei Schichten Polyurethanlack auftragen. Möchte man verschiedene Porphyr-Arten nachahmen, kann man die Farben der Sprenkelungen variieren.

GRUNDREZEPT – DUNKELROTER PORPHYR

MATERIALIEN

Basisanstrich ▶ 1 Liter Emulsionsfertigmischung, dunkelrot
Lasuranstrich ▶ 250 ml Acryllasurmittel (transparent) / 3 EL Künstleracrylfarbe Kadmiumrot / 1 EL Künstleracrylfarbe Umbra natur / 150 ml Wasser / Äthylalkohol (siehe Anleitung)
Erste Sprenkelfarbe ▶ 1 EL Künstleracrylfarbe Umbra gebrannt / 1 EL Wasser
Zweite Sprenkelfarbe ▶ 1 EL Künstleracrylfarbe gelber Ocker / 1 EL Wasser
Dritte Sprenkelfarbe ▶ 1 EL Künstleracrylfarbe Zinkweiß / 1 EL Wasser
Schutzanstrich ▶ 500 ml Acrylklarlack, seidenmatt

ARBEITSGERÄTE

2 Flächenstreicher, 50 mm / 1 großer und 3 kleine Behälter zum Mischen von Farbe und Lasur / Sprühflasche / 3 Naturhaarpinsel / 1 Lackpinsel, 50 mm

ANLEITUNG

Basisanstrich

Dunkelrote Emulsionsfarbe gut verrühren und mit einem Flächenstreicher zwei gleichmäßige Anstriche (siehe S. 34) auf die vorbehandelte Fläche auftragen. Jeweils 2–3 Stunden trocknen lassen.

Lasuranstrich

1 Acryllasurmittel in einen großen Behälter gießen. Kadmiumrot, Umbra natur und nach und nach Wasser hinzufügen.
2 Lasur mit einem anderen Flächenstreicher ungleichmäßig auftragen, dabei den Basisanstrich ganz abdecken.
3 Sprühflasche mit Äthylalkohol füllen und die Fläche mit einem feinen Nebel besprühen, um die Lasur leicht aufzulockern; dadurch erreicht man größere Farbtiefe.

Erste Sprenkelfarbe

1 Umbra gebrannt in einen kleinen Behälter geben und unter Rühren nach und nach Wasser hinzufügen.
2 Einen Naturhaarpinsel mit Lasur tränken und vorsichtig gegen einen zweiten Pinsel schlagen, der in der anderen Hand gehalten wird. Dabei auf der noch feuchten Fläche einen feinen Nebel aus Farbspritzern erzeugen (siehe S. 36).

Zweite Sprenkelfarbe

1 Gelben Ocker in einen zweiten kleinen Behälter geben und unter Rühren nach und nach Wasser hinzufügen.
2 Einen zweiten Naturhaarpinsel tränken und den oben beschriebenen Sprenkelvorgang wiederholen.

Dritte Sprenkelfarbe

1 Zinkweiß in einen dritten kleinen Behälter geben und unter Rühren nach und nach Wasser hinzufügen.
2 Den oben beschriebenen Sprenkelvorgang nochmals mit einem neu getränkten Naturhaarpinsel wiederholen. Anschließend 2 Stunden trocknen lassen.

Schutzanstrich

Mit dem Lackpinsel eine Lackschicht auftragen, 2–3 Stunden trocknen lassen.

❶ DUNKELROTER PORPHYR
Die dunklen Farben des Grundrezepts; ein gutes Beispiel für die Anwendung der Technik auf einer ebenen, vertikalen Fläche. Man sieht deutlich die verschiedenen Sprenkelfarben – die einfachste Methode, um die Körnung des Steins zu imitieren.

GRANIT

Traditionell wurde Granit für große Außenflächen verwendet. Der Imitationseffekt eignet sich jedoch auch gut für kleinere Flächen und Objekte in modernen und traditionellen Interieurs. In der hier beschriebenen Anleitung wird mit der Schwamm- und Sprenkeltechnik das charakteristische körnige Aussehen von Granit nachgeahmt. Da echter Granit äußerst unterschiedlich aussehen kann, sollte man den Stein als Vorlage nehmen, wenn man einen authentischen Effekt erzielen möchte.

GRUNDREZEPT – GRANIT

MATERIALIEN

Basisanstrich ▶ 500 ml Vinylemulsion Weiß, matt / 2 EL Künstleracrylfarbe Grau neutral
Erster Lasuranstrich ▶ 100 ml Vinylemulsion Weiß, matt / 2 EL Künstleracrylfarbe Grau neutral / 1 EL Künstleracrylfarbe Umbra gebrannt / 2 EL Wasser / Äthylalkohol (siehe Anleitung)
Zweiter Lasuranstrich ▶ 100 ml Vinylemulsion Weiß, matt / 2 EL Wasser / Äthylalkohol
Erste Sprenkelfarbe ▶ 1 EL Künstleracrylfarbe Marsschwarz / 1 EL Wasser
Zweite Sprenkelfarbe ▶ 1 EL Künstleracrylfarbe Zinkweiß / 1 EL Wasser / Äthylalkohol
Schutzanstrich ▶ 500 ml Acrylklarlack, seidenmatt

ARBEITSGERÄTE

3 große und 2 kleine Behälter zum Mischen von Farbe und Lasur / 1 Flächenstreicher, 50 mm / 3 Naturschwämme / Wasser zum Befeuchten der Schwämme / Sprühflasche / 2 Naturhaarpinsel / 1 Lackpinsel, 50 mm

ANLEITUNG

Basisanstrich

1 Emulsion in einen großen Behälter gießen. Grau neutral hinzufügen und gut verrühren.

2 Mit dem 50 mm-Flächenstreicher gleichmäßig (siehe S. 34) auf die vorbehandelte Fläche auftragen und 2–3 Stunden trocknen lassen.

Erster Lasuranstrich

1 Emulsion in einen zweiten großen Behälter gießen. Grau neutral, Umbra gebrannt und nach und nach Wasser hinzufügen, gut verrühren.

2 Mit einem feuchten Schwamm Lasur vorsichtig auf die gesamte Fläche auftupfen (siehe S. 35).

3 Die Sprühflasche zur Hälfte mit Äthylalkohol füllen und einen feinen Nebel auf die Fläche sprühen. Dadurch wird die Lasur ein wenig aufgelockert, und eine interessante Struktur entsteht. Anschließend 2 Stunden trocknen lassen.

Oben links: Dieser Hartplastiktopf stammt aus einem Heimwerkermarkt und wurde dem Grundrezept entsprechend veredelt. Seine Form erinnert an traditionelle Gartentöpfe, daher eignet sich hier die Anwendung einer Steinimitationstechnik. Der Anstrich verdeckt auch den ursprünglich ein wenig kitschigen Topfrand.

Zweiter Lasuranstrich

1 Emulsion in den dritten großen Behälter gießen. Unter Rühren nach und nach Wasser hinzufügen.
2 Lasur mit einem zweiten feuchten Schwamm wie oben beschrieben auf die Fläche tupfen.
3 Mit der Sprühflasche Äthylalkohol auf die Lasur sprühen.
4 Die noch feuchte Fläche mit einem neuen Schwamm abtupfen; beide Lasuren vorsichtig ineinander übergehen lassen.

Erste Sprenkelfarbe

1 Marsschwarz in einen kleinen Behälter geben. Nach und nach Wasser hinzufügen und gut verrühren.
2 Einen Naturhaarpinsel mit Farbe tränken und vorsichtig gegen einen zweiten, trockenen und sauberen Pinsel schlagen, der in der anderen Hand gehalten wird. Dabei auf der gestrichenen Fläche einen feinen Nebel aus Farbspritzern erzeugen, der ungleichmäßig ausfallen soll (siehe S. 36).

Zweite Sprenkelfarbe

1 Zinkweiß in den zweiten kleinen Behälter geben. Nach und nach Wasser hinzufügen und gut verrühren.
2 Mit dem zweiten Naturhaarpinsel die Fläche nochmals mit feinen Punkten besprenkeln; der Effekt soll willkürlich und ungleichmäßig sein.
3 Mit der Sprühflasche Äthylalkohol auf die Fläche sprühen und 2 Stunden trocknen lassen.

Schutzanstrich

Mit dem Lackpinsel eine Lackschicht auftragen, 2–3 Stunden trocknen lassen.

Außenfläche: Statt des Acryllacks zwei Schichten seidenmatten Polyurethanlack auftragen, jeweils 24 Stunden trocknen lassen.

❶ GRANIT
Der Effekt des Grundrezepts auf einer ebenen Fläche; geeignet für Paneele oder Tischplatten. Die Anwendung auf einem einfachen Sims oder einer Kamineinfassung ist ebenfalls lohnenswert.

TERRAKOTTA

Dieses Material ist sehr beliebt wegen seines kalkigen Aussehens und wird oft für Gartentöpfe und -dekorationen verwendet. Große Terrakottatöpfe sind jedoch teuer, und aufgrund ihrer begrenzten Lebensdauer ist es lohnenswert, den Effekt mit widerstandsfähigeren Materialien nachzuahmen. Mit Hilfe von Tropf- und Schwammtechniken läßt sich eine authentische Imitation herstellen. Damit der Effekt gut zur Geltung kommt, muß die Fläche gründlich bearbeitet werden. Objekte mit reliefartigen Verzierungen eignen sich dafür besonders.

GRUNDREZEPT – TERRAKOTTA

MATERIALIEN

Erster Basisanstrich ▶ 500 ml Vinylemulsion Weiß, matt / 2 EL Künstleracrylfarbe gelber Ocker / 1 EL Künstleracrylfarbe Siena natur
Zweiter Basisanstrich ▶ 500 ml Vinylemulsion Weiß, matt / 2 EL Künstleracrylfarbe Venezianischrot / 2 EL Künstleracrylfarbe Umbra natur / 1 EL Künstleracrylfarbe Bronzeocker
Lasuranstrich ▶ 100 ml Vinylemulsion Weiß, matt / 150 ml Wasser

ARBEITSGERÄTE

3 Behälter zum Mischen von Farbe und Lasur / 2 Flächenstreicher, 50 mm / Stupfpinsel oder Tapezierbürste / Wasser zum Befeuchten von Pinsel und Schwamm / 1 runder Naturhaarpinsel, 25 mm / Naturschwamm

ANLEITUNG

Erster Basisanstrich

1 Emulsion in einen Behälter gießen. Gelben Ocker und Siena natur hinzufügen und gut verrühren.
2 Farbe mit einem 50 mm-Flächenstreicher gleichmäßig auf die vorbehandelte Fläche auftragen (siehe S. 34).

Zweiter Basisanstrich

1 Emulsion in den zweiten Behälter gießen. Venezianischrot, Umbra natur und Bronzeocker einrühren.
2 Mit dem zweiten 50 mm-Flächenstreicher ungleichmäßig auftragen (siehe S. 34), dabei den ersten Basisanstrich teilweise durchscheinen lassen, 2–3 Stunden trocknen lassen.

❶ TERRAKOTTA
Hier wurde der Terrakotta-Anstrich auf einer ebenen Fläche und einem dreidimensionalen Detail (Deckenrosette) vorgenommen. Das Antikisieren der unregelmäßigen Struktur verstärkt den verwitterten Effekt. Putz und Kunststoff sind ideal für Terrakotta-Anstriche.

Hier wurden drei Plastiktöpfe vorbehandelt und entsprechend dem Terrakotta-Grundrezept gestrichen. Danach wurden zwei Anstriche mit seidenmattem Polyurethanlack aufgetragen und die Töpfe im feuchten Putz einer grob strukturierten Wand versenkt, die mit der Farbwaschtechnik (siehe S. 52) in weichem Pink behandelt worden war. Für zusätzlichen Halt und Stabilität wurde die Rückseite der Töpfe mit Mauernägeln an der Wand befestigt.

Lasuranstrich

1 Emulsion in den dritten Behälter gießen. Nach und nach Wasser hinzufügen und gut verrühren.

2 Die Spitzen des Stupfpinsels in Wasser tauchen und damit die gestrichene Fläche befeuchten.

3 Das Objekt aufrecht halten. Mit dem Naturhaarpinsel Lasur auf die Fläche tropfen und herunterrinnen lassen – damit wird die natürliche Verwitterung nachgeahmt.

4 Mit dem feuchten Schwamm die Fläche abtupfen, um überschüssiges Wasser von der Lasur abzunehmen, die zu einem kalkigen Anstrich trocknet.

Außenflächen: Zwei Schichten seidenmatten Polyurethanlack auftragen und jeweils 24 Stunden trocknen lassen.

METALLTECHNIKEN

Links: Diese Küchenzeile besteht entweder aus echtem Metall, das mit der Rosttechnik (siehe S. 160) behandelt wurde, oder ein Eiseneffekt wurde angewendet und danach eine Rostimitation. In jedem Fall veranschaulicht dieses Beispiel die Vielseitigkeit der Metalltechniken beim Einsatz in modernen Räumen.

Unten: Diese interessante Sammlung flacher Töpfe und Gefäße wurde mit einem Bleianstrich (siehe S. 164) umgestaltet. Diese Technik ist auch auf nichtmetallischen Flächen einsetzbar. Besondere Beachtung verdient die ergänzende Vergoldung (siehe S. 180).

Metall ist heute bei Inneneinrichtungen wieder sehr modern. Vom Kerzenhalter bis zur Couch werden teure Metallobjekte sehr geschätzt, daher kann die Beherrschung der hier beschriebenen Techniken zur Imitation von Metall zu einem wichtigen Bestandteil Ihres Repertoires werden. Je nachdem, ob modernes oder altes Aussehen gewünscht wird, kann der Effekt subtil oder spektakulär sein.

Sperrmülldeponien und Altwarenhändler sind gute Quellen für ungewöhnliche und kostengünstige Malobjekte. Billiges Metall kann mit der entsprechenden Technik veredelt werden, und wichtige, doch unschöne Zubehörteile wie beispielsweise eine Türklinke oder der Knauf einer Lade lassen sich auf einfache Weise verschönern. Auf größeren Objekten wie Lustern, Leuchten und Laternen hat ein Metalleffekt erstaunliche Wirkung. Ein großer Vorraum z. B. kann mit gestrichenen Kerzenhaltern ausgesprochen vornehm wirken. Alte Stühle und Tische können so ge-

staltet werden, daß sie wie Metall aussehen. Der Grünspaneffekt eignet sich für eine Vielzahl von Flächen: Einfache Terrakottatöpfe werden damit interessanter – sie wirken fast so, als wären sie auf einer archäologischen Ausgrabungsstätte gefunden worden. Man darf nicht außer acht lassen, daß man den Grad der Antikisierung selbst bestimmen kann.

Mit Hilfe der Metalltechniken lassen sich neue Stücke einer Stileinrichtung anpassen. Für Mittelalter- oder den Tudor-Stil wählt man Eisen- oder Bleiimitationen oder probiert die einfacheren modernen Techniken wie Kaltpatinieren auf neuen Metallobjekten. Für den leichteren barocken Stil eignet sich die Grünspanimitation oder die weicheren Effekte, die mit Kaltpatinieren erzielt werden. Grünspan auf Fußleisten oder Geländern ist eine phantastische Einsatzmöglichkeit für diesen Antikisierungseffekt.

Gartenmöbel und -gitter eignen sich gut für Metallanstriche, obwohl Glanzfarbe der am häufigsten gewählte Anstrich ist und etwas einfallslos wirkt. Grünspan oder Rost sind hier die stilvolleren und ansprechenderen Alternativen. Gartentöpfe und -tröge wirken mit einem Metallanstrich so attraktiv, daß man sie am liebsten ins Haus nehmen möchte.

Die Metalleffekte sind speziell für kleinere Flächen zu empfehlen, können jedoch auch auf größere Objekten wie z. B. Paneele aufgetragen werden. Dies ist eine moderne Anwendung für zeitgenössische Inneneinrichtungen. In einer anspruchsvollen Stadtwohnung stellt ein Rosteffekt auf Küchenschränken eine attraktive Alternative dar. Die Bearbeitung von Türen ist ebenso eine interessante Möglichkeit, die jeden Raum ausgesprochen individuell macht.

Die Devise lautet: Experimentieren. Je mehr man ausprobiert, desto versierter wird man. Welche Oberflächen für den jeweiligen Anstrich geeignet sind, entnehmen Sie den Farbcodes zu Beginn jedes Eintrags sowie der Erklärung auf Seite 41.

Links: Ein hervorragendes Beispiel für natürlichen Rost auf einer alten französischen Uhr. Mit Hilfe der Rosttechnik (siehe S. 160) ist die Nachahmung solcher Effekte keine Kunst; man sollte immer natürliche Rost- und Verwitterungserscheinungen als Arbeitsvorlage verwenden.

Unten: Dieses stilvolle eiserne Stiegengeländer könnte mit einem dunkleren Anstrich noch mehr hervorgehoben werden. Zuerst Rostschutz auftragen (macht auch das Metall dunkler), danach Eisenpaste oder mit Graphitpulver getöntes schwarzes Wachs einreiben.

PATINIEREN

Metallobjekte laufen an und korrodieren im Laufe der Zeit, wenn sie Wind und Wetter ausgesetzt sind. Das Ergebnis ist oft ein schöner Gegenstand von nahezu historischem Aussehen. Daher wurden Techniken entwickelt, Patina auf neuem Metall zu imitieren. Einige dieser Methoden sind kompliziert und erfordern gefährliche Chemikalien, jedoch ist die zum Kaltpatinieren verwendete Flüssigkeit (erhältlich für viele verschiedene Metalle) weniger gefährlich, leichter in der Handhabung und schafft trotzdem natürliche Effekte. Der Schlüssel zum Erfolg liegt in der Planung des zeitlichen Ablaufs – es muß sehr schnell gearbeitet werden. Trotz der Schwierigkeiten ist es besser, diese Methode anzuwenden als jahrelang zu warten, bis ein Gegenstand auf natürliche Weise gealtert ist.

GRUNDREZEPT – KALTPATINIEREN AUF MESSING

MATERIALIEN

300 ml Äthylalkohol / 200 ml braune Kaltpatina-Flüssigkeit für Messing, Kupfer und Bronze
Zusätzlicher Schutzanstrich ▶ 200 ml Klarwachs oder Ölfixativ

ARBEITSGERÄTE

Watteböllchen / Wasser zum Abschwemmen / Gummihandschuhe / Schutzmaske / Stahlwolle / Tücher (bei Bedarf)

ANLEITUNG

HANDSCHUHE UND SCHUTZMASKE TRAGEN. HERSTELLERHINWEISE BEFOLGEN UND DEN ARBEITSBEREICH STETS GUT BELÜFTEN.

1 Fläche mit Äthylalkohol und Wattebällchen reinigen, mit Wasser abschwemmen und 2 Stunden trocknen lassen.

2 Gummihandschuhe anziehen und Schutzmaske aufsetzen. Saubere Wattebällchen mit der Kaltpatina-Flüssigkeit tränken und über die gesamte Fläche reiben. Sofort nach Kontakt mit der Flüssigkeit verändert das Metall seine Farbe. Sobald der gewünschte Effekt erreicht ist, Fläche mit Wasser abschwemmen. Die Flüssigkeit niemals länger als 2 Minuten einwirken lassen, sonst wird der Effekt zu dunkel.

❶ AUF MESSING
Das Grundrezept: Nur die Mitte dieses Musterstücks wurde mit Stahlwolle behandelt, die Ränder behielten den antikisierten Effekt.

❷ AUF STAHL
Hier sieht man die Verwendung der schwarzen Kaltpatina-Flüssigkeit für Stahl und Eisen. Die Vorgangsweise entspricht dem Grundrezept.

❸ AUF KUPFER
Mittels einer anderen Patinierungsflüssigkeit läßt sich innerhalb von Sekunden ein Grünspaneffekt erzielen. Hier wurde wieder das Grundrezept verwendet und die Flüssigkeit mit Watte oder einer weichen Bürste aufgetupft. Ein zweiter Auftrag verleiht dem Effekt mehr Struktur.

3 Sofort nach dem Abwaschen die Fläche vorsichtig mit Stahlwolle abreiben, bis der gewünschte Effekt erreicht ist. Wieder mit Wasser abwaschen und 1 Stunde trocknen lassen.

Wichtig: Damit der Anstrich widerstandsfähig wird, mit einem festen Tuch die gesamte Fläche mit Wachs (oder Ölfixativ) einreiben und 1 Stunde trocknen lassen.
Außenflächen: Eine Schicht Ölfixativ auftragen.

Rasches Antikisieren: Die preiswerten Kerzenhalter und -leuchter wurden mit den im Grundrezept und den Mustern verwendeten Flüssigkeiten patiniert.

ROST

Diese wahrscheinlich extremste Form der Metalltechniken erfreut sich großer Beliebtheit. Die hier beschriebene Anleitung ist rasch, sicher und einfach auszuführen und läßt sich zur Steigerung des Antikisierungseffekts natürlich variieren. Zum Beispiel kann man einfach beide Anstriche dicker auftragen, wobei zu berücksichtigen ist, daß der Effekt ungleichmäßig sein muß, um authentisch zu wirken. Durch die Beigabe von rund 70 g feinen Sand zum Basisanstrich kann man der Oberfläche mehr Struktur verleihen.

GRUNDREZEPT – ROST

MATERIALIEN

Basisanstrich ▶ 500 ml Fertigmischung Vinylemulsion Schwarz, matt / 2 EL Künstleracrylfarbe Titanweiß / 2 EL Künstleracrylfarbe Ultramarinblau
Erster Rostanstrich ▶ 100 ml Künstleracrylfarbe Siena natur / 3 EL Künstleracrylfarbe Venezianischrot / 1 EL Künstleracrylfarbe Umbra gebrannt / 1 EL Künstleracrylfarbe Eisenoxid
Zweiter Rostanstrich ▶ 100 ml Künstleracrylfarbe gelber Ocker / 2 EL Künstleracrylfarbe Gelboxid / 1 EL Künstleracrylfarbe Siena natur

ARBEITSGERÄTE

3 Behälter zum Mischen der Farbe / 1 Flächenstreicher, 50 mm / 2 runde Naturhaarpinsel, 25 mm

ANLEITUNG

Basisanstrich

1 Emulsion in einen Behälter gießen. Titanweiß und Ultramarin hinzufügen und gut verrühren.
2 Mit dem Flächenstreicher auf die vorbehandelte Fläche gleichmäßig auftragen, 2–3 Stunden trocknen lassen.

Erster Rostanstrich

1 Siena natur, Venezianischrot, Umbra gebrannt und Eisenoxid in einen zweiten Behälter geben und gut mischen.
2 Mit einem Naturhaarpinsel die Rostmischung vorsichtig auf die Fläche stupfen (siehe S. 35). Die Farbe des Basisanstrichs ein wenig durchscheinen lassen. Anschließend 1 Stunde trocknen lassen.

Zweiter Rostanstrich

1 Gelben Ocker, Gelboxid und Siena natur im dritten Behälter gut mischen.
2 Die Mischung wieder mit einem Naturhaarpinsel auf die Fläche stupfen, dabei mehr Farbe auftragen als beim ersten Mal. Die anderen Schichten sollen jedoch trotzdem teilweise sichtbar bleiben. 1 Stunde trocknen lassen.

Außenflächen: Zwei Schichten matten Polyurethanlack auftragen und jeweils 24 Stunden trocknen lassen.

❶

❶ ROST
Perfekter Anstrich für diesen preisgünstigen Metalltisch. Kleinere Elemente (wie links oben das Wappenschild) eignen sich ebenfalls besonders gut. Die Antikisierung wurde durch doppelten Auftrag verstärkt.

GRÜNSPAN

Grünspan ist der wahrscheinlich erstaunlichste Verwitterungseffekt, der auf Metallen zu sehen ist. Nur auf Kupfer und Bronze bildet sich natürlicher Grünspan: charakteristische grüne und salzigweiße Schlieren. Die Imitation dieses Effekts erforderte früher äußerst toxische Chemikalien und große Hitze (siehe auch die auf S. 158 beschriebene ungefährlichere Kaltpatinierungsmethode zur Herstellung von Grünspan). Bei dem hier beschriebenen Rezept werden jedoch Produkte auf Wasserbasis verwendet, die sicherer und leichter in der Handhabung sind. Der Antikisierungseffekt kann durch wiederholte Behandlung der Fläche verstärkt werden. Das folgende Rezept eignet sich für eine Vielzahl von Flächen, daher kann man es auf vielen ungewöhnlichen Gegenständen ausprobieren. Am besten nimmt man Statuen und Metallobjekte, die bereits jahrelang Wind und Wetter ausgesetzt waren, als Vorlage.

Dieser dekorative Wetterhahn ist ein gutes Beispiel für den Grünspaneffekt. Das Stück wird dadurch viel stilvoller – nachdem es ursprünglich wahrscheinlich im Freien eingesetzt worden wäre, ist Grünspan sehr passend.

GRUNDREZEPT – GRÜNSPAN

MATERIALIEN

Basisanstrich ▸ 500 ml Tafelfarbe oder schwarze, matte Vinylemulsionsfertigmischung

Erster Grünspananstrich ▸ 2 EL Künstleracrylfarbe Titanweiß / 2 EL Künstleracrylfarbe Viridiangrün / 4 EL Wasser / Äthylalkohol (siehe Anleitung)

Zweiter Grünspananstrich ▸ 2 EL Künstleracrylfarbe Titanweiß / 1 EL Künstleracrylfarbe gelber Ocker / 100 ml Wasser / Äthylalkohol

Versiegelung / Schlußanstrich ▸ 500 ml Acrylklarlack, matt / 25 g Schlämmkreide oder Kreidepulver

ARBEITSGERÄTE

1 Flächenstreicher, 50 mm / 2 Behälter zum Mischen der Farbe / 3 runde Naturhaarpinsel, 25 mm / Sprühflasche / 1 Lackpinsel, 50 mm / Tücher

GRÜNSPAN

ANLEITUNG
Basisanstrich

Tafelfarbe oder Emulsion gut verrühren und mit dem Flächenstreicher gleichmäßig (siehe S. 34) auf die gesamte Fläche auftragen. 2–3 Stunden trocknen lassen.

Erster Grünspananstrich

1 Titanweiß und Viridiangrün in einen Behälter geben und unter Rühren nach und nach Wasser hinzufügen.
2 Einen Naturhaarpinsel mit der Farbe tränken und die Farbe auf das senkrecht gehaltene Objekt tropfen und herunterrinnen lassen, so lange, bis die gesamte Fläche bedeckt ist.
3 Sprühflasche mit Äthylalkohol füllen und einen feinen Nebel auf die Fläche sprühen, um die Farbe aufzulockern.

Zweiter Grünspananstrich

1 Titanweiß und gelben Ocker in den anderen Behälter geben. Unter Rühren nach und nach 50 ml Wasser hinzufügen.
2 Die Farbe wie oben beschrieben auf die Fläche tropfen.
3 Wie oben Äthylalkohol aufsprühen.
4 Mit dem dritten Naturhaarpinsel das verbleibende Wasser auf die vertikale Fläche tropfen, bis der gewünschte Effekt erreicht ist. Anschließend 2 Stunden trocknen lassen.

Versiegelung / Schlußanstrich

1 Mit dem Lackpinsel eine Lackschicht auf die gesamte Fläche auftragen. Lack zäh werden lassen (ca. 20 Minuten).
2 Etwas Schlämmkreide (oder Kreidepulver) in die Lackschicht einreiben, dabei besonders die Verzierungen berücksichtigen. Das bewirkt das authentisch »kalkige« Aussehen. Lose, überschüssige Schlämmkreide mit einem Tuch abwischen und 2–3 Stunden trocknen lassen.

Außenflächen: Zwei Schichten seidenmatten Polyurethanlack auftragen und jeweils 24 Stunden trocknen lassen.

Rechts: Der beeindruckende Brunnen mit Löwenkopf ist in Wirklichkeit aus Kunststoff und wurde mit einem Grünspananstrich versehen. Zur Vorbehandlung und Grundierung wurden zwei Anstriche mit Tafelfarbe vorgenommen. Da die Fläche ständig in Kontakt mit Wasser steht, werden nach der Versiegelung/dem Schlußanstrich noch zwei oder drei Schichten Bootslack aufgetragen. Jede Lackschicht muß 4–6 Stunden trocknen.

❶ GRÜNSPAN
Das Grundrezept auf einer ebenen Fläche und mit einem dreidimensionalen Element. Um eine ähnliche Wirkung zu erzielen, kann man statt der Tafelfarbe für den Basisanstrich 500 ml Rostemulsionsfertigmischung verwenden.

BLEI

Das blaugraue, salzige oder kalkige Aussehen von altem verwitterten Blei ist das Resultat chemischer Veränderungen des Metalls, das mit Produkten auf Wasserbasis leicht zu imitieren ist – man tropft einfach farbige Lasuren auf eine vertikale Fläche und antikisiert diese mit Hilfe von Schlämmkreide. Blumentöpfe aus Plastik sind dafür ebenso geeignet wie einfache Metallobjekte, die dadurch ein exklusives Aussehen erhalten. Wie bei den meisten Metalltechniken läßt sich der Grad der Antikisierung selbst bestimmen.

GRUNDREZEPT – BLEI

MATERIALIEN

Versiegelung ▶ 500 ml PVA-Binder oder weißer Leim / 500 ml Wasser
Basisanstrich ▶ 500 ml Vinylemulsion Weiß, matt / 1 EL Künstleracrylfarbe Umbra gebrannt / 1 EL Fertigmischung Vinylemulsion Schwarz, matt
Erste Lasur ▶ 4 EL Vinylemulsion Schwarz, matt / 2 EL Künstleracrylfarbe Titanweiß / ½ EL Künstleracrylfarbe Umbra gebrannt / 150 ml Wasser
Zweite Lasur ▶ 5 EL Künstleracrylfarbe Titanweiß / 2 EL Künstleracrylfarbe Umbra gebrannt / ½ EL Künstleracrylfarbe Ultramarinblau / 150 ml Wasser
Versiegelung / Schlußanstrich ▶ 500 ml PVA-Binder oder weißer Leim / 500 ml Wasser / 50 g Schlämmkreide oder Kreidepulver

ARBEITSGERÄTE

5 Behälter zum Mischen von Farbe und Lasur / 2 Flächenstreicher, 25 mm / 3 Flächenstreicher, 50 mm / 1 runder Naturhaarpinsel, 25 mm / Tücher

ANLEITUNG

Versiegelung

1 PVA-Binder (oder weißen Leim) in einen Behälter gießen. Nach und nach Wasser hinzufügen und gut verrühren.
2 Mit einem 25 mm-Flächenstreicher Versiegelung auf die vorbehandelte Fläche auftragen, 1 Stunde trocknen lassen.

Basisanstrich

1 Weiße Emulsion in einen anderen Behälter gießen. Umbra gebrannt und schwarze Emulsion einrühren.
2 Mit einem 50 mm-Flächenstreicher gleichmäßig auftragen (siehe S. 34) und 2–3 Stunden trocknen lassen.

Erster Lasuranstrich

1 Emulsion in einen dritten Behälter gießen. Weiß, Umbra gebrannt und unter Rühren 100 ml Wasser hinzufügen.

❶ BLEI
Der klassische Effekt, besonders wirkungsvoll auf ebenen Flächen und Reliefs; so läßt sich beispielsweise Kunststoff auf beeindruckende Weise verschönern. Die Auswahl des richtigen Motivs ist entscheidend für das Resultat.

Der preisgünstige Metallkerzenleuchter links wurde durch die Anwendung des im Grundrezept beschriebenen Bleieffekts komplett verändert.

2 Mit einem anderen 50 mm-Flächenstreicher die Lasur ungleichmäßig (siehe S. 34) auf die gesamte Fläche auftragen.
3 Den Naturhaarpinsel mit Wasser tränken und das Wasser auf das senkrecht gehaltene Objekt tropfen und abrinnen lassen. Dadurch verteilt sich die Lasur und läßt den Basisanstrich teilweise durchscheinen. Vorgang wiederholen, bis die gesamte Fläche bedeckt ist. 1 Stunde trocknen lassen.

Zweiter Lasuranstrich

1 Titanweiß, Umbra gebrannt und Ultramarinblau in den vierten Behälter geben und 100 ml Wasser einrühren.
2 Mit dem dritten 50 mm-Pinsel die Lasur mit unregelmäßigen, zickzackförmigen Pinselstrichen auftragen. Die anderen Anstriche müssen dabei teilweise sichtbar bleiben.
3 Wasser auf die Fläche tropfen, 2 Stunden trocknen lassen.

Versiegelung / Schlußanstrich

1 PVA-Binder (oder weißen Leim) in den fünften Behälter gießen. Wasser hinzufügen und gut verrühren.
2 Mit dem zweiten 25 mm-Flächenstreicher auf die gesamte Fläche auftragen und zäh werden lassen (5–7 Minuten).
3 Schlämmkreide mit einem Tuch einreiben, dabei speziell die Verzierungen berücksichtigen. Überschüssige Schlämmkreide mit Tuch abwischen. 2–3 Stunden trocknen lassen.

Außenflächen: Zwei Schichten matten Polyurethanlack auftragen und jeweils 24 Stunden trocknen lassen.

EISEN

Eisenobjekte waren früher hauptsächlich im Freien zu finden, heute erfreut sich die Verwendung von Eisen in zeitgenössischen, aber auch traditionellen Einrichtungen immer größerer Beliebtheit. Die Wirkung kann in beiden Fällen beeindruckend sein. Hier werden zwei Methoden zur Eisenimitation vorgestellt. Beim Grundrezept wird zusätzlich eine »Rostlasur« (siehe zweiter Lasuranstrich) aufgetragen, die das Objekt älter erscheinen läßt; die Variation ist dagegen in ihrem Effekt dezenter, mit weniger starkem Glanz. Beide Anstriche eignen sich nicht nur für Metallobjekte: Türen, Fußleisten und manch architektonisches Detail kann auf diese Weise veredelt werden, ebenso Gartenmöbel und -dekorationen.

GRUNDREZEPT – EISEN MIT SILBERFARBE

MATERIALIEN

Basisanstrich ▶ 500 ml Silberfarbe

Erster Lasuranstrich ▶ 4 EL Fertigmischung Vinylemulsion Schwarz, matt / 2 EL Wasser

Zweiter Lasuranstrich ▶ 4 EL Künstleracrylfarbe Titanweiß / 2 EL Künstleracrylfarbe Venezianischrot / 1 EL Künstleracrylfarbe Siena gebrannt / 100 ml Wasser

ARBEITSGERÄTE

1 Flächenstreicher, 50 mm / 2 Behälter zum Mischen der Lasuren / Naturschwamm / Wasser für den Schwamm / 1 flacher Pinsel, 100 mm / 1 Naturhaarpinsel, 25 mm

❶ EFFEKT MIT SILBERFARBE
Das Grundrezept auf ebener Fläche mit Verzierungen.

❷ EFFEKT MIT WACHS UND SILBERPULVER
Da sich diese Ausführung besser steuern läßt, eignet sie sich gut für kompliziertere oder größere Projekte.

ANLEITUNG

Basisanstrich

Silberfarbe gut verrühren und mit dem Flächenstreicher gleichmäßig (siehe S. 34) auf die vorbehandelte Fläche auftragen. 2–3 Stunden trocknen lassen.

Erster Lasuranstrich

1 Schwarze Emulsion in einen Behälter gießen. Nach und nach Wasser hinzufügen und gut verrühren.

2 Lasur mit einem feuchten Schwamm vorsichtig auf die gesamte Fläche auftupfen (siehe S. 35).

3 Danach mit dem flachen Pinsel leicht über die aufgetragene Lasur streichen und so die Schwammspuren abschwächen. Anschließend 2 Stunden trocknen lassen.

Zweiter Lasuranstrich

1 Weiß, Venezianischrot und Siena gebrannt in den anderen Behälter geben. Wasser hinzufügen und gut verrühren.
2 Den Naturhaarpinsel mit Lasur tränken und diese auf das senkrecht gehaltene Objekt tropfen, damit die Lasur nach unten abrinnt. Vorgang wiederholen, bis die gesamte Fläche bedeckt ist. Anschließend 2 Stunden trocknen lassen.

Dieses ungewöhnliche architektonische Detail, das ursprünglich vermutlich für einen Dachfirst vorgesehen war, ist aus Gips und stammt von einer Sperrmülldeponie. Der Eiseneffekt des Grundrezepts ließ sich darauf hervorragend anwenden. Die natürliche Patina der alten Kette veranschaulicht, wie überzeugend im Vergleich dazu die Imitation ist.

VARIATION – EISEN MIT WACHS UND SILBERPULVER

MATERIALIEN

Basisanstrich ▸ 500 ml Tafelfarbe
Wachsschicht ▸ 275 ml schwarze Politur / 50 g silbernes Metallpulver

ARBEITSGERÄTE

1 Flächenstreicher, 50 mm / Schutzmaske / Behälter zum Mischen des Wachses / Tücher / saubere Schuhbürste

ANLEITUNG

Basisanstrich

BEI ARBEITEN MIT METALLPULVER STETS SCHUTZMASKE TRAGEN.
Tafelfarbe gut verrühren, gleichmäßig (siehe S. 34) auf die vorbehandelte Fläche streichen, 2 Stunden trocknen lassen.

Wachsschicht

1 Schutzmaske aufsetzen. 250 ml Politur und Metallpulver in den Behälter geben und mischen. Soll der Ton dunkler werden, mehr Pulver hinzufügen; nicht zuviel davon verwenden, da die Politur sonst krümelig wird.
2 Mit einem Tuch das Wachs von oben nach unten in die gesamte Fläche einreiben. Danach 2 Stunden trocknen lassen. Abschließend mit der Schuhbürste polieren.

Außenflächen (beide Rezepte): Zusätzlich zwei Schichten seidenmatten Polyurethanlack auftragen.

Wie alle Steintechniken sind auch die meisten dekorativen Techniken Imitationsanstriche, die den Betrachter täuschen. Einst hielt man bestimmte Materialien und Techniken für zu zeitraubend oder zu teuer, doch dank der modernen Farbtechnologien haben viele dieser Techniken ihren Schrecken verloren. Traditionelles Vergolden auf Wasser- oder Ölbasis ist sehr kompliziert, doch wasserlösliche Leime und das robustere unechte Blattmetall, das jetzt erhältlich ist, machen die Kunst des Vergoldens für jedermann möglich. Auch der moderne Ersatz für echten Lack, die sogenannte Lackfarbe, liefert ausgezeichnete Effekte. Der Anstrich erfordert zwar noch immer etwas Zeit, und die dabei eingesetzte Farbe mit hohem Glanzanteil trocknet langsam. Aber es lohnt sich, mittels dieser Farben das klassische Aussehen nachzuahmen.

Links: Der hübsche Regalhalter aus Gips war hervorragend zum Vergolden (siehe S. 180) geeignet. Er wurde mit Stahlwolle und Äthylalkohol nachbehandelt, um teilweise den Grund freizulegen. Die Wand erhielt einen Gesso-Anstrich und wurde mit Hilfe von gebrochenen Farben auf alt getrimmt.

Unten: Ein Badezimmerschrank in einem modernen Blauton mit phantasievoller Vergoldung. Auch hier wurde der metallische Effekt des Goldes mit Hilfe von Antikisierungstechniken abgeschwächt (siehe oben).

Es ist wichtig, mit Farben und Strukturen zu experimentieren, da oft bereits eine kleine Veränderung ein gänzlich unterschiedliches Ergebnis bringen kann. Falls man nicht eine reine Phantasieform verwirklichen möchte, sollte man die Anwendung dieser Techniken nicht übertreiben. Das betrifft sowohl die Dimensionen als auch die Art der Ausführung.

Die Schablonenmalerei ist hier die Ausnahme: Sie ist natürlich kein Phantasieanstrich und zur Gänze mit Schablonenmalereien überzogene Wände können großartig wirken. Kaum eine dekorativ gestaltete Einheit kommt ohne diese Technik aus, mit der Sie etwa Ihr einfaches Schlafzimmer in ein phantastisches Boudoir voller Wein- und Blumengirlanden verwandeln können.

Die Prachthäuser vergangener Tage sind für dekorative Techniken eine wertvolle Inspirationsquelle. Die am stärksten dekorierten Flächen sind meist mit Hilfe von Anstrichtechniken hergestellt wor-

den. Mit den hier beschriebenen Anleitungen gelingen ähnliche Dekorationen auch im eigenen Heim.

Von der alten Kunst chinesischer Lackarbeiten bis zu Vergoldungen und Schildpattimitationen lassen sich diese Techniken dazu verwenden, einfache Gegenstände in edle, kostbare Unikate zu verwandeln. Manche Techniken eignen sich auch zur Restaurierung oder Reparatur alter Gegenstände, doch sollte man stets darauf achten, daß mit der Behandlung nicht mehr Schaden als Nutzen angerichtet wird. Ein antiker orientalischer Gegenstand eignet sich beispielsweise sicher nicht für eine »Verschönerung« mittels moderner Lackfarbe. Ein solches Stück würde durch die Anwendung einer der beschriebenen Techniken an Wert verlieren.

Auch die dekorativen Anstriche eignen sich für eine Vielzahl von Flächen. Prüfen Sie dazu die Farbcodes zu Beginn jedes Eintrags sowie die Erklärung auf Seite 41.

Oben: Ein entzückendes Beispiel für Schablonenmalerei (siehe S. 184) als Alternative zum Tapezieren. Die braune Farbe auf steingrauem Grund, mit etwas Rot belebt, ist perfekt für eine rustikale Küche.

Links: Nochmals Schablonenmalereien – diesmal in Form von Paneelen. Stil und Farben erinnern stark an skandinavische Einrichtung (siehe S. 131). Durch leichtes Schleifen wurde der Anstrich authentischer. Dekorierte und auf alt getrimmte Möbelstücke ergänzen den Effekt.

LACKARBEITEN

Die über tausendjährige Tradition der Lackarbeiten hat ihren Ursprung in China, da es die einzige Region war, wo der Baum *Rhus verniciflua* wuchs, dessen Harz für die Herstellung von Lack verwendet wurde. Die satten Farben entstehen traditionell durch das Auftragen von Lack in vielen Schichten. Der tiefe Schimmer beruht darauf, daß jeder einzelne Auftrag mit Sandpapier abgeschliffen wird und bis zu hundert Schichten übereinanderliegen. Das hier beschriebene Rezept versucht mit Hilfe von Farben auf Ölbasis diesen Effekt zu imitieren (und abzukürzen!).

GRUNDREZEPT – DUNKLES ROT

MATERIALIEN

Basisanstriche ▶ 2 ½ Liter synthetischer Gesso / 1 ¼ Liter Wasser / 500 ml Bernsteinschellack / 100 ml Äthylalkohol
Klassischer Lack ▶ 1 ½ Liter Glanzfarbe Rot, matt / 4 EL Künstlerölfarbe Umbra gebrannt / 500 ml Polyurethanklarlack, glänzend (ein Anstrich)
Dekoration (nach Wunsch) ▶ 150 ml Glanzfarbe Gelb, matt / 150 ml Glanzfarbe Schwarz, matt

ARBEITSGERÄTE

3 Behälter zum Mischen von Gesso und Farbe / 4 Haushaltspinsel, 25 mm / feine Stahlwolle / Naß- und Trockenschleifpapier / Seifenwasser / Tücher
Dekoration (nach Wunsch) ▶ Bleistift / Pauspapier / Signierstift / 2 flache Künstlerpinsel, 25 mm

ANLEITUNG

Basisanstriche

ARBEITSBEREICH STETS GUT BELÜFTEN.

1 Synthetischen Gesso in einen Behälter gießen. Nach und nach Wasser hinzufügen und gut verrühren.

Diese Kommode stammt vermutlich aus Northampton, Massachusetts, um 1724. Die meisten Kolonialmöbel wurden einfarbig in Schwarz oder Rot gestrichen. Dazu kamen Muster in anderen Farben, wenn der Besitzer das Geld dafür hatte. Die gesamte Kommode weist Abnutzungserscheinungen auf.

❶ DUNKLES ROT
Das Grundrezept: Dieses Design ähnelt der Kommode auf der gegenüberliegenden Seite. Das Muster wurde auf Pauspapier vorgezeichnet, mit einem Signierstift auf die Fläche übertragen und mit einem Künstlerpinsel gemalt. Die Farbe wurde jeweils zweimal aufgetragen und 24 Stunden getrocknet.

❷ SCHWARZ
Anstelle von Rot wurde hier Schwarz (matte Glanzfarbe) für die Lackschicht verwendet. Das Muster wurde ebenso aufgetragen wie oben, die 150 ml schwarze Glanzfarbe jedoch durch rote ersetzt.

2 Mit einem Haushaltspinsel rund 500 ml der Mischung auf die vorbehandelte Fläche gleichmäßig auftragen, 2–3 Stunden trocknen lassen.
3 Mit Stahlwolle abschleifen. Auf dieselbe Weise noch vier weitere Schichten auftragen und abschleifen.
4 Schellack in einen anderen Behälter geben. Nach und nach Äthylalkohol hinzufügen und gut verrühren.
5 Mit einem anderen Haushaltspinsel gleichmäßig auf die Gessoschicht auftragen und 2 Stunden trocknen lassen.

Lackschicht

1 Rote Glanzfarbe gut verrühren, mit einem dritten Haushaltspinsel 500 ml gleichmäßig (siehe S. 34) auf die gesamte Fläche auftragen und 24 Stunden trocknen lassen.
2 Mit Naß- und Trockenschleifpapier vorsichtig abschleifen.
3 Die Fläche mit Seifenwasser und sauberem Tuch vom Staub befreien und 1 Stunde trocknen lassen.
4 Mit demselben Pinsel zwei weitere Schichten Glanzfarbe auftragen, jedesmal Abschleifen und Reinigen.
5 Verbleibende Glanzfarbe in den dritten Behälter gießen. Umbra gebrannt und Polyurethanlack einrühren. Mit dem vierten Haushaltspinsel gleichmäßig auftragen, 24 Stunden trocknen lassen. Falls erforderlich, zweite Schicht auftragen.
Wichtig: Dekoration (siehe Bsp. 1); vor Lackschicht, Schritt 5 auftragen.

SCHILDPATT

Dieser Effekt imitiert das Aussehen des Panzers der Meeresschildkröte, der erstmals im Osten als Furnier verwendet wurde. Schon seit Jahrhunderten versucht man die charakteristische Musterung zu imitieren. Früher verwendete man dazu echtes Blattgold, doch unechtes Blattgold oder Goldsprays schaffen ebenfalls sehr schöne Effekte. Bei der hier beschriebenen Anleitung werden die klassischen Farben durch Farben auf Wasserbasis ersetzt. Für diesen Imitationseffekt eignen sich kleine Objekte mit möglichst ebenen Flächen am besten, da sich echtes Schildpatt nicht formen läßt.

GRUNDREZEPT – UMBRA UND OCKER

MATERIALIEN

Basisanstrich ▶ 500 ml Vinylemulsion Weiß, matt / 3 EL Künstleracrylfarbe Siena natur
Lasuranstriche ▶ 3 EL Künstleracrylfarbe gelber Ocker / 3 EL Künstleracrylfarbe Siena natur / 3 EL Künstleracrylfarbe Umbra gebrannt / 500 ml Acryllasurmittel (transparent) / 150 ml Wasser
Sprenkelung ▶ 1 EL Künstleracrylfarbe Umbra gebrannt / 3 ⅓ EL Wasser
Schutzanstrich ▶ 500 ml Acrylklarlack, seidenmatt

ARBEITSGERÄTE

Behälter zum Mischen der Farbe / 1 Flächenstreicher, 50 mm / 4 Untertassen zum Mischen der Lasur / 1 Haushaltspinsel, 50 mm / 3 flache Künstlerpinsel, 25 mm / Dachshaarvertreiber oder kleiner Vertreiber / Zahnbürste / Wegwerfhandschuhe / 1 Lackpinsel, 50 mm

ANLEITUNG

Basisanstrich

1 Emulsion in den Behälter gießen. Siena natur hinzufügen und gut verrühren.
2 Farbe mit dem Flächenstreicher gleichmäßig auf die vorbehandelte Fläche auftragen, 2–3 Stunden trocknen lassen.

Als interessantes Beispiel für die Anwendung eines Schildpattanstrichs ist dieser kleine Lampenschirm äußerst harmonisch auf die anderen Kunstgegenstände und Antiquitäten abgestimmt. Der Effekt könnte auf einem einfachen Metallschirm mühelos nachgeahmt werden.

❶ UMBRA UND OCKER
Die Farben des Grundrezepts: Das Muster wurde auf eine größere Fläche als normal üblich gemalt, wodurch der Effekt von Schildpatt auf ebenen Flächen, wie z. B. auf kleinen, dekorativen Paneelen oder Tabletts, gut veranschaulicht wird.

Lasuranstriche

1 Jede der drei Farben auf eine andere Untertasse geben. 50 ml Acryllasurmittel und nach und nach 50 ml Wasser zu jeder Farbe hinzufügen und gut verrühren. Beiseite stellen.

2 Mit dem Haushaltspinsel die restlichen 350 ml Acryllasurmittel dünn und gleichmäßig auf Basisanstrich auftragen.

3 Die Lasur mit gelbem Ocker mit einem Künstlerpinsel und unregelmäßigen, diagonalen Pinselstrichen auftragen. Der Effekt soll grob und verschmiert wirken und der Basisanstrich an vielen Stellen durchscheinen.

4 Vorgang mit den dunkleren Farben mit jeweils einem anderen Pinsel wiederholen; dabei die Lasur an anderen Stellen auftragen, bis der Basisanstrich vollständig überdeckt ist.

5 Mit dem Dachshaarvertreiber (oder kleinen Vertreiber) leicht über die Fläche streichen (siehe S. 34), um die Pinselspuren zu beseitigen. Außerdem sollen die Farben verwischt werden und ineinander übergehen, wodurch der Schildpatteffekt entsteht. 24 Stunden trocknen lassen.

Die einfachen Schachteln veranschaulichen eine Variation des Grundrezepts mit oft bei Schildpatt vorkommenden Farben. Der Basisanstrich besteht aus dunkelroter Emulsionsfertigmischung; bei der Lasur ersetzen 3 EL Kadmiumrot den gelben Ocker des Grundrezepts; Sprenkelung und Schutzanstrich bleiben unverändert.

Sprenkelung

1 Umbra gebrannt auf die vierte Tasse geben und mit Wasser verrühren.

2 Wegwerfhandschuhe anziehen. Die Zahnbürste mit Farbe tränken, in einem Abstand von ca. 20 cm zur Fläche halten. Die Borsten mit den Fingern zurückbiegen, feinen Farbnebel auf die Fläche sprenkeln (siehe S. 36). Dabei soll die Fläche ungleichmäßig mit Spritzern überzogen werden.

Schutzanstrich

Mit dem Lackpinsel eine Lackschicht auftragen, 2–3 Stunden trocknen lassen.

CHAGRIN

Der Name Chagrin kommt aus dem Türkischen und hatte schon immer einen exotischen Klang. Ursprünglich wurde dieses Material aus ungegerbtem Haifischleder hergestellt, das durch echte Körner seine charakteristische Struktur bekam. Die kleinen Körner wurden in die noch feuchte Haut hineingestampft und nach dem Trocknen herausgeschüttelt. Danach wurde das Leder in verschiedenen Farben gegerbt, wobei blasses Moosgrün immer am beliebtesten war. In der Art-deco-Zeit war echtes Chagrin sehr gefragt, aufgrund des stärkeren Umweltbewußtseins wird es heute nur mehr für kleine Luxusgegenstände verwendet. Das hier beschriebene Rezept imitiert dieses Material mit Hilfe von Farben auf Ölbasis und einer einfachen Wasser-auf-Öl-Technik, die die körnigen Einbuchtungen erzeugt.

GRUNDREZEPT – BLASSGRÜN

MATERIALIEN

Basisanstrich ▸ 500 ml geruchsarme Eierschalenfarbe Weiß

Lasuranstrich ▸ 250 ml Öllasur-Fertigmischung (transparent) / 2 EL Künstlerölfarbe Saftgrün / 1 EL Künstlerölfarbe Zinkweiß / 150 ml Testbenzin / 500 ml Wasser

Schutzanstrich ▸ 500 ml Polyurethanklarlack, seidenmatt

ARBEITSGERÄTE

1 Haushaltspinsel, 25 mm / Behälter zum Mischen der Lasur / 1 Haushaltspinsel, 50 mm / Stupfpinsel oder Tapezierbürste / Sprühflasche / 1 Lackpinsel, 25 mm

ANLEITUNG

ARBEITSBEREICH STETS GUT BELÜFTEN.

Basisanstrich

Eierschalenfarbe gut verrühren und mit dem 25 mm-Pinsel gleichmäßig auf die vorbehandelte Fläche auftragen (siehe S. 34), 24 Stunden trocknen lassen.

Lasuranstrich

1 Öllasur in den Behälter gießen. Saftgrün, Zinkweiß und unter Rühren nach und nach Testbenzin hinzufügen.

2 Lasur mit dem 50 mm-Haushaltspinsel mit unregelmäßigen Pinselstrichen (siehe S. 34) auf die gesamte Fläche auftragen.

1

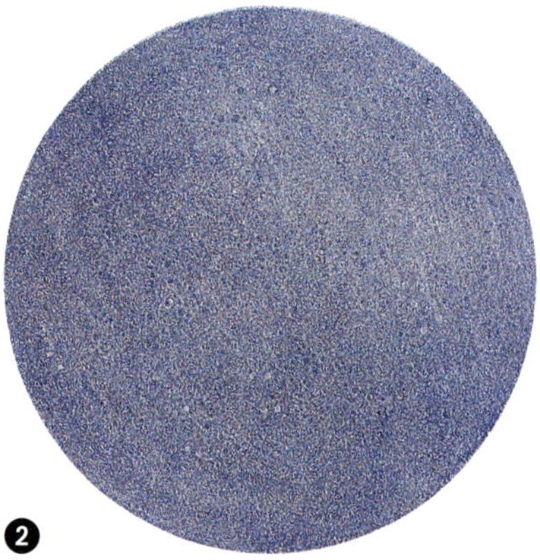

2

❶ HELLES GRÜN
Das Grundrezept verwendet die klassische Chagrin-Farbe.

❷ KOBALTBLAU
Eine Variation des Grundrezepts: Die Lasur enthält 2 EL Kobaltblau und 1 EL Zinkweiß.

Die Platte dieses Blumentischchens wurde mit einer Chagrin-Imitation versehen. Es eignet sich hervorragend für diesen Effekt, der sehr gut zu den zierlichen, vergoldeten Füßen paßt, die mit Antiklasur gestrichen wurden.

3 Lasur mit dem Stupfpinsel (oder der Tapezierbürste) leicht stupfen, um die Pinselspuren zu beseitigen (siehe S. 35).
4 Sprühflasche mit Wasser füllen und die gesamte Fläche mit einem feinen Nebel besprühen. 24 Stunden trocknen lassen – beim Verdunsten der Wassertröpfchen auf der öligen Lasur lockert die Farbe auf und produziert die kleinen Ringe, die den Chagrin-Effekt bewirken.

Schutzanstrich

Mit dem Lackpinsel eine Lackschicht auftragen, 6–8 Stunden trocknen lassen.

LEDER

Leder über eine ebene Fläche zu spannen ist schon seit Jahrhunderten eine beliebte Dekoration. Als sehr strapazierfähiges Material wurde Leder für Stühle, Paravents, Kommoden sowie Tischplatten verwendet, oft auch mit farbigen Beizen gegerbt und mit dekorativen Mustern verziert. Dieses Rezept imitiert den Effekt kostbaren alten Leders und kann auch zur Dekoration von Paneelen verwendet werden. Die Technik ist einfach, jedoch ist es wichtig, als Basisanstrich eine Emulsionsfarbe mit unregelmäßigen Pinselstrichen dick aufzutragen und gut zu strukturieren. Die satten Farben entstehen durch farbige Wachse, die in die Fläche eingerieben werden, wobei das Wachs wiederum gleichmäßig verteilt werden muß, damit man das charakteristische Aussehen von echtem Leder erhält. Der Effekt ist ziemlich auffällig, und sehr dunkle Farben eignen sich vermutlich nicht für größere Flächen, obwohl es ein phantastischer Anstrich für große Wandpaneele in einem dekorierten Lese- oder Wohnzimmer wäre. In kleinerem Rahmen paßt der Anstrich auch sehr gut in moderne Räume.

GRUNDREZEPT – BRAUN

MATERIALIEN

Basisanstrich ▶ 500 ml Vinylemulsion Weiß, matt / 4 EL Künstleracrylfarbe Siena natur
Wachsschicht ▶ 250 ml Klarwachs / 2 EL Künstlerölfarbe Umbra gebrannt

ARBEITSGERÄTE

2 Behälter zum Mischen von Farbe und Wachs / 1 Haushaltspinsel, 75 mm / 1 flacher Künstlerpinsel, 25 mm / Wegwerfhandschuhe / weiche, fusselfreie Tücher / feines Sandpapier

ANLEITUNG

Basisanstrich

1 Emulsion in einen Behälter gießen. Siena natur hinzufügen und gut verrühren.
2 Den Haushaltspinsel gut mit Farbe tränken und mit groben, ungleichmäßigen, kreisförmigen Pinselstrichen die vorbehandelte Fläche streichen, 6 Stunden trocknen lassen.

Wachsschicht

1 Wachs in den anderen Behälter geben. Umbra gebrannt hinzufügen und gut verrühren.
2 Wachs mit dem flachen Künstlerpinsel gleichmäßig auf die gesamte Fläche auftragen.
3 Wegwerfhandschuhe anziehen. Mit einem weichen Tuch das Wachs kreisförmig in die Fläche reiben. Tuch oft wechseln, da es schnell mit Wachs verklumpt. Vollständig trocknen lassen (24 Stunden).

Antikisieren

Mit dem feinen Sandpapier vorsichtig über die Fläche reiben, damit sie ein wenig abgenutzt wirkt.

Oben links: Bei diesem Bilderrahmen verleihen goldene Beschläge der Lederimitation einen gotischen Touch. Als Variation des Grundrezeptes wurde der Basisanstrich mit 2 EL Kobaltblau gefärbt. Das Wachs enthält 1½ EL Ultramarinblau.

❶ BRAUN
Die klassische Farbe des Grundrezepts eignet sich für Tische und Paravents.

❷ DUNKLES ROT
Eine sehr satte Farbe, die als Anstrich für eine Kommode oder einen Paravent jeden Raum imposanter machen würde. Der Basisanstrich enthält 4 EL Kadmiumrot, das Wachs 2 ½ EL Kadmiumrot und ½ EL Umbra natur.

❸ DUNKLES GRÜN
Der Basisanstrich wurde mit 3 EL Saftgrün gefärbt; 3 EL Chromoxidgrün bestimmen die Farbe der Wachsschicht.

❹ SCHWARZ
Die Farbe des Basisanstriches besteht aus 3 EL Grau neutral, die Farbe der Wachsschicht aus 2 EL Marsschwarz.

BRONZIEREN

Bronzieren ist eine alte Technik, die als Alternative oder Ergänzung zum Vergolden (siehe S. 180) verwendet wurde. Ein Objekt oder eine Fläche wird mit Leim bestrichen und ein feines Metallpulver, ursprünglich echtes Gold, aufgestrichen oder aufgeblasen. Das Ergebnis ist eine bronzefarbene, alt wirkende Oberfläche. Die Pulver sind sehr fein und toxisch, daher sollte man stets eine Schutzmaske tragen und vorsichtig mit den Materialien umgehen. Um Schmutz und Verschwendung zu vermeiden, sollte man nicht zuviel Pulver auf einmal verwenden. Eine Vielzahl an Farben und Tönen ist erhältlich. Gold, Bronze und Kupfer findet man leicht, und andere Farben wie Purpur, Grün und Rot werden von Fachgeschäften geführt.

Bronzieren kann auf einer Vielzahl von Flächen angewendet werden. Mit dieser Technik kann man einen opulenten Effekt erzielen, der sich hervorragend zur Verwandlung alter oder gebrauchter Gegenstände in wertvolle Stücke eignet. Metallstühle und andere Gartenmöbel sind ideale Objekte ebenso wie Gipsreliefs und Statuen. Auch Lackarbeiten (siehe S. 170) und andere Anstriche lassen sich mit dieser Methode elegant verzieren.

GRUNDREZEPT – DUNKLES GOLD

MATERIALIEN

Basisanstrich ▶ 250 ml Eisenoxidgrundierung
Bronzieren ▶ 250 ml Leim auf Wasserbasis / 75 g Bronzepulver, dunkles Gold
Schutzanstrich ▶ 250 ml Emaillack, Bernstein

ARBEITSGERÄTE

2 Haushaltspinsel, 25 mm / Schutzmaske / 1 flacher Künstlerpinsel, 25 mm / kleiner, weicher Pinsel / weiche Tücher / 1 Lackpinsel, 25 mm

❶ DUNKLES GOLD
Das Grundrezept: ein intensiver, doch eleganter Ton.

❷ KUPFER
Diese Variation folgt dem Grundrezept, verwendet zum Bronzieren jedoch kupfernes Bronzepulver und für den Schutzanstrich roten Emaillack.

❶

❷

ANLEITUNG

SCHUTZMASKE TRAGEN UND DEN ARBEITSBEREICH GUT BELÜFTEN.

Basisanstrich

Eisenoxidgrundierung gut verrühren und mit dem Haushaltspinsel gleichmäßig auf die vorbehandelte Fläche auftragen (siehe S. 34). Anschließend 24 Stunden trocknen lassen.

Bronzieren

1 Den Leim entsprechend den Herstellerhinweisen schütteln oder verrühren. Mit dem zweiten Haushaltspinsel eine dünne,

Der bronzierte Metallstuhl ist eine Variation des Grundrezepts.

Zuerst wurden Rostschutz und Metallgrundierung aufgetragen (siehe S. 45), danach zwei Anstriche mit fertiggemischter schwarzer Ölgrundierung (je 250 ml). Beim Bronzieren wurde hellgoldenes Bronzepulver in den Leim gerührt und für den Schutzanstrich neutraler Emaillack verwendet.

Da der Stuhl für den Gebrauch im Freien gedacht ist, wurde als zusätzlicher Schutz abschließend noch seidenmatter Polyurethanlack aufgetragen (Trocknungszeit 24 Stunden).

gleichmäßige Schicht auf den Basisanstrich auftragen und zäh und transparent werden lassen (ca. 20–30 Minuten).

2 Schutzmaske aufsetzen. Mit dem Künstlerpinsel ein wenig Bronzepulver aufnehmen und vorsichtig auf die Fläche streichen, bis der Großteil des Basisanstrichs bedeckt ist.

3 Das überschüssige Pulver mit dem weichen Pinsel behutsam abnehmen.

4 Mit den weichen Tüchern vorsichtig polieren.

Schutzanstrich

Mit dem Lackpinsel eine Lackschicht auftragen und 1 Stunde trocknen lassen.

VERGOLDEN

Echtes Blattgold ist teuer und in der Verarbeitung zeitraubend. Heute steht glücklicherweise eine Reihe von Alternativen zur Verfügung (siehe S. 26). Unechtes Blattmetall liefert die überzeugendsten Imitationen von echtem Gold und ist sowohl preisgünstiger als auch einfacher in der Handhabung. Die modernen Goldleime auf Wasser- oder Ölbasis sind ebenfalls sehr wirksam und trocknen rascher als die traditionellen Materialien. Um eine glatte Oberfläche für das Vergolden zu erhalten, verwendet man traditionellerweise Gesso. Ebenso wirkungsvoll, jedoch einfacher ist es, wie in diesem Rezept als Basis Eisenoxidgrundierung oder dunkelrote Emulsion zu verwenden. Vergolden ist die ideale Technik zum Veredeln von Stuckreliefs, Kerzenhaltern, Bilder- und Spiegelrahmen.

1

2

3

4

1 KLASSISCHES ANTIKISIEREN
Dieses Blatt aus Stuck wurde mit unechtem Blattgold, wie im Grundrezept beschrieben, vergoldet und mit grauer Antiklasur behandelt.

2 ALTES GOLD
Die Antiklasur dieses Blattes enthält 2 EL gelben Ocker, gemischt mit 1 EL Acra-Gold. Diese Farbe bringt das Metallblatt besonders gut zur Geltung und erinnert an das in italienischen Sakralgemälden verwendete Blattgold.

3 HELLES GOLD
Der Basisanstrich besteht aus fertiggemischter, matter Vinylemulsion in Dunkelgrün. Die Antiklasur enthält 1 EL Coelinblau und 1 ½ EL Titanweiß. Der grüne Grund läßt das Gold dünner wirken.

4 MODERNES GOLD
Die Antiklasur wurde mit 2 EL Dioxazinpurpur getönt und stellt eine modernere Version dar, vergoldeten Objekten Alter zu verleihen.

GRUNDREZEPT – UNECHTES BLATTGOLD ANTIKISIERT

MATERIALIEN

Basisanstrich ▶ 250 ml Eisenoxidgrundierung oder Vinylemulsion Dunkelrot, matt
Leimschicht ▶ 250 ml Goldleim auf Wasserbasis, rasch trocknend
Vergolden ▶ 12 Blätter unechtes Blattgold
Zusätzliche Antikisierung ▶ 2 EL Äthylalkohol
Versiegelung ▶ 250 ml Bernsteinschellack
Antiklasur ▶ 2 EL Vinylemulsion Weiß, seidenmatt / ½ EL Künstleracrylfarbe Grau neutral / ½ EL Künstleracrylfarbe gelber Ocker / 2 EL Wasser

ARBEITSGERÄTE

3 Flächenstreicher, 25 mm / Schachtel oder große Schüssel / Wegwerfhandschuhe / 1 runder, weicher Pinsel, 25 mm / 2 weiche Tücher zum Polieren / Stahlwolle (bei Bedarf) / 1 Lackpinsel, 25 mm / Behälter zum Mischen der Lasur / Tücher

ANLEITUNG

Basisanstrich

Grundierung (oder Emulsion) gut verrühren und mit einem Flächenstreicher eine gleichmäßige Schicht auf die vorbehandelte Fläche auftragen. 2–3 Stunden trocknen lassen.

Leimschicht

Den Leim, entsprechend den Herstellerhinweisen, schütteln oder rühren. Danach mit einem zweiten Flächenstreicher eine dünne, jedoch gleichmäßige Schicht auftragen. Den Pinsel nicht zu stark tränken, damit sich an der Oberfläche keine Blasen bilden. Den Leim ein wenig trocknen lassen (ca. 25 Minuten), bis er durchscheinend und zäh wird.

Vergolden

1 Die Schachtel (oder Schüssel) auf die Arbeitsfläche nahe dem zu vergoldenden Gegenstand stellen.
2 Handschuhe anziehen und den Gegenstand über die Schachtel halten, um abbrechende Blattstücke aufzufangen. Jedes Blatt einzeln aufheben und vorsichtig auf die Fläche legen. Den Gegenstand vollständig mit Blattgold bedecken oder die Grundierung teilweise durchscheinen lassen.
3 Mit dem weichen Pinsel den Gegenstand vorsichtig abstreichen, überschüssiges Blattgold in die Schachtel fallen lassen.
4 Die Fläche behutsam mit einem Tuch polieren, bis sie glatt und glänzend ist. Dabei nicht zu stark aufdrücken, da sonst das Blattgold wieder abfällt.

Versiegelung

Mit dem Lackpinsel eine dünne, jedoch gleichmäßige Schicht Schellack auftragen, damit der Effekt an Tiefe gewinnt. Das ist wichtig, da unechtes Blattgold blechern aussehen kann. Anschließend 45 Minuten trocknen lassen.

Antiklasur

1 Emulsion in den Behälter gießen und Grau neutral sowie gelben Ocker hinzufügen. Nach und nach Wasser einrühren.

2 Mit dem dritten Flächenstreicher die Lasur auf die gesamte Fläche tupfen und danach mit einem Tuch rasch wieder abwischen, so daß die Lasur nur in den Vertiefungen verbleibt.
3 Die Vergoldung der hervortretenden Stellen mit einem anderen Tuch polieren, die verbleibende Emulsion 30 Minuten trocknen lassen.

Wichtig: Der Antikisierungseffekt kann verstärkt werden, indem man die Vergoldung an den exponierten Stellen vorsichtig wieder reduziert. Das macht man vor dem Versiegeln mit etwas Stahlwolle, die in Äthylalkohol getaucht wurde.

Eine weitere Variation des Grundrezepts (siehe auch S. 45): Der galvanisierte Gartenbottich wurde vergoldet. Ungefähr 20 Goldblätter wurden aufgebracht und mit Bernsteinschellack versiegelt. Die Antiklasur wurde einfach mit 4 EL Coelinblau getönt.

VARIATION – GEBROCHENES BLATTGOLD

5 GEBROCHENES BLATTGOLD
Basisanstrich, Leimen und Vergolden folgen dem Grundrezept. Man benötigt 100 g gebrochenes Blattgold, das mit verdünntem, bernsteinfarbenem Emaillack (170 ml Lack auf 80 ml Äthylalkohol) versiegelt wird. Dazu verwendet man einen 50 mm-Haushaltspinsel. 30 Minuten trocknen lassen.

5

Gebrochenes Blattgold besteht aus Teilchen und Fragmenten, die bei der Blattgolderzeugung anfallen. Sowohl Gold als auch Aluminium (siehe unten) sind erhältlich. Man kauft es nach Gewicht, und es ist preisgünstiger als ganze Blätter, jedoch benötigt man längere Zeit zum Aufbringen. Wurde es jedoch sorgfältig aufgebracht, bewirkt es einen stärkeren Antikisierungseffekt, da der Basisanstrich stärker durchscheint. Eine Antiklasur ist nicht erforderlich.

VARIATION – BLATTKUPFER

6 BLATTKUPFER
Basisanstrich, Leimen und Vergolden mit 12 Kupferblättern entsprechend dem Grundrezept. Mit 250 ml seidenmattem Acrylklarlack versiegeln, 1 Stunde trocknen lassen und mit einem blauen Antikisierungsanstrich abschließen (2 EL Vinylemulsion Weiß, seidenmatt, ½ EL Grau neutral, 1 TL Ultramarinblau und 2 EL Wasser).

Ein theatralischer Effekt wurde hier erzeugt, obwohl unechtes Blattkupfer weniger opulent ist als das traditionelle Blattgold. Diese Ausführung eignet sich vermutlich eher für modern eingerichtete Räume, besonders für ungewöhnliche Kunstgegenstände. Wenn man an außergewöhnlichen Effekten Gefallen findet, kann man mit verschiedenfarbigen Emaillacken als Versiegelung experimentieren (Mengenangaben laut Beispiel 5). Ich habe in machen Fällen Leuchtrot verwendet.

6

VARIATION – BLATTALUMINIUM

7 BLATT-ALUMINIUM
Die Methode und die Mengen entsprechen dem Grundrezept, für den Basisanstrich wird jedoch fertiggemischte, matte Vinylemulsion in Blau verwendet. Zur Versiegelung nimmt man transparentes Acryllasurmittel. Die Antikisiermaterialien enthalten keinen gelben Ocker.

7

Aluminiumblatt wird für silbrige Effekte verwendet. Wie Kupferblatt eignet es sich speziell für moderne Räume. An Stelle der Eisenoxidgrundierung (oder der dunkelroten Emulsion) wird vorgemischte, matte Vinylemulsion in Blau oder Grün verwendet, da diese Farben eine gute Ergänzung zu Silber darstellen. Bei diesem Muster wurde ein mittleres Blau verwendet. Gefallen Ihnen auffällige Effekte, sollten Sie auch mit dunkleren Tönen experimentieren.

SCHABLONENMALEREI

Die Schablonenmalerei ist eine gute Methode zur Verschönerung auch ungleichmäßiger Wände und kann hervorragend mit einem Basisanstrich kombiniert werden. Auch Möbel sind ideale Anwendungsobjekte. Vorgefertigte Schablonen bekommt man in Fachgeschäften und Heimwerkermärkten, aber es empfiehlt sich, zwecks individueller Gestaltung eigene zu entwerfen. Man kann dazu Bücher mit Mustervorlagen kaufen oder sich von Gegenständen im eigenen Heim inspirieren lassen; Tapeten, Teppiche, Fliesen – überall kann man sich Anregungen holen.

GRUNDREZEPT – BLOOMSBURY-BLÄTTER IN MINZE UND BLAU

MATERIALIEN

Basisanstrich ▶ 1 Liter Vinylemulsion Weiß, matt / 1 EL Künstleracrylfarbe Umbra natur / 1 EL Künstleracrylfarbe gelber Ocker
Erste Schablonen-Farbe ▶ 250 ml Vinylemulsion Weiß, matt / 2 EL Künstleracrylfarbe Aquagrün / 1 EL Künstleracrylfarbe Leuchtgrün
Zweite Schablonen-Farbe ▶ 250 ml Vinylemulsion Weiß, matt / 2 EL Künstleracrylfarbe Kobaltblau / ½ EL Künstleracrylfarbe Grau neutral
Zusätzliche Schutzanstriche ▶ 700 ml Acrylklarlack, matt (zwei Anstriche)

ARBEITSGERÄTE

Kopierer (bei Bedarf) / harter und weicher Bleistift / Pauspapier / Lineal / Stencil-Papier (Manilapapier oder Pappe) / feiner schwarzer Filzstift / Schneidunterlage oder dicker Karton / Stanley-Messer / 3 Behälter zum Mischen der Farbe / 1 Flächenstreicher, 50 mm / Abdeckband / Tücher / 2 kleine Gläser für die Farbe / 2 Schablonenpinsel / 1 Lackpinsel, 50 mm (bei Bedarf)

ANLEITUNG

Herstellung der Schablone

1 Eines der Motive auf den nächsten Seiten kopieren und nach Wunsch vergrößern. Falls kein Kopierer zur Verfügung steht, kann man das Motiv auch freihändig abzeichnen und vergrößern oder durchpausen.
2 Das Motiv auf Pauspapier übertragen und mit der Zeichnung nach unten auf das Stencil-Papier legen, das um das Muster noch einen Rand von 10 cm freiläßt.
3 Mit einem weichen Bleistift über die Rückseite der durchgepausten Linien streichen, um diese auf das Stencil-Papier zu übertragen.
4 Pauspapier entfernen und zuerst mit einem härteren Bleistift, danach mit dem feinen Filzstift die Linien nachziehen.
5 Die Arbeitsfläche mit einem dicken Karton schützen und die Schablone mit dem Stanley-Messer ausschneiden.
6 Mit Hilfe von Lineal und Stanley-Messer den Rand (siehe Schritt 2) zurechtschneiden.

Basisanstrich

1 Emulsion in einen Behälter gießen. Umbra natur und gelben Ocker hinzufügen und gut verrühren.
2 Mit dem Flächenstreicher gleichmäßig auftragen (siehe S. 34) und 2–3 Stunden trocknen lassen.

Das Bloomsbury-Design wurde hier sowohl willkürlich verstreut als auch geordnet zur Dekoration der Wände, Möbel und des Hartfaser-Zeitungshalters eingesetzt. Bei der dekorativen Einfassung wurde, sobald das erste Motiv richtig plaziert war, der Schablonenrand markiert und danach mit dieser Markierung die Position des zweiten Motivs bestimmt usw. Folgende Farben wurden verwendet: Basisanstrich: 6 EL Kadmiumgelb. Erste Stencil-Farbe: 2 EL Eisenoxid und 1 EL Kadmiumrot. Zweite Stencil-Farbe: 2 EL Kobaltblau und 1 EL Helltürkis.

Erste Schablonen-Farbe

1 Eventuell mit Hilfe leichter Bleistiftmarkierungen die Schablone auf den Basisanstrich legen und mit Abdeckband fixieren. Es empfiehlt sich, den Kleber des Bandes mit einem Tuch vorher teilweise zu entfernen, damit man beim Abnehmen der Schablone den Anstrich nicht beschädigt.

2 Emulsion in einen zweiten Behälter gießen. Aquagrün und Leuchtgrün hinzufügen und gut verrühren.

3 Ein wenig Farbe in ein kleines Gefäß umfüllen: Es ist einfacher, mit kleinen Mengen zu arbeiten. Die Spitze eines Schablonenpinsels eintauchen – 5 mm sind völlig ausreichend. Es ist wichtig, nicht zuviel Farbe auf den Pinsel zu geben, da sie sonst unterhalb der Schablone verläuft. Die Farbe durch die ausgeschnittenen Stellen auf den Basisanstrich aufstupfen.

❶ MINZE UND BLAU
Die Farbzusammenstellung des Grundrezepts.

❷ PINK UND LILA
Der Basisanstrich enthält 4 EL helles Porträtrosa, die erste Stencil-Farbe 2 EL helles Porträtrosa und ½ EL Kadmiumrot, während die zweite nur mit 2 EL hellem Violett getönt wird.

❶

❷

Zuerst die Farbe für einen Blattrand sowie für die mittlere Blattäderung auftragen, dabei etwas über den Rand der Schablone arbeiten, damit sicher die gesamte Fläche erfaßt wird.

Auftragen der ersten Farbe (Farbzusammenstellung siehe S. 185 oben)

Zweite Schablonen-Farbe

1 Emulsion in den dritten Behälter gießen. Kobaltblau und Grau hinzufügen und gut verrühren.

2 Ein wenig Farbe in den anderen Behälter umfüllen. Auf dieselbe Weise die Farbe für den zweiten Blattrand auftragen. Abdeckband entfernen und Schablone vorsichtig abnehmen, 30 Minuten trocknen lassen.

Wichtig: Wünscht man eine strapazierfähige Ausführung, trägt man zweimal matten Acryllack auf die Schablonenmalerei auf, jeweils 2–3 Stunden trocknen lassen.

VARIATION – SCHABLONEN MIT BLATTMETALL

Die einfache Schablonentechnik kann, leicht abgewandelt, für Vergoldungen (siehe S. 26 und S. 180) eingesetzt werden. Nachdem man die Schablone richtig plaziert und mit Abdeckband fixiert hat, trägt man durch die Schablone mit einem flachen 12 mm-Künstlerpinsel Goldleim auf Wasserbasis gleichmäßig auf. (Den Pinsel nicht zu stark damit tränken, da sich im Leim sonst Blasen bilden). Den Leim 20–30 Minuten trocknen lassen; danach die Schablone vorsichtig entfernen.

Handschuhe anziehen und ein Blatt unechtes Blattgold nehmen und vorsichtig auf die geleimte Fläche legen. Das überschüssige Blattgold mittels eines weichen Pinsels vorsichtig abnehmen. Dabei eine große Schachtel so halten, daß die abgenommenen Stücke hineinfallen können. Danach die Vergoldung mit einem weichen Tuch polieren und die Schablone nochmals vorsichtig auflegen und fixieren. Mit einem anderen flachen Künstlerpinsel eine dünne Schicht Bernsteinschellack auftragen. Danach die Schablone abnehmen und das Motiv 30 Minuten trocknen lassen.

❸ SCHABLONEN MIT BLATTSILBER
Schablonenmalerei mit unechtem Blattmetall. Für 25 Kronen (Höhe 10 cm) benötigt man 20 Blätter und 200 ml Leim auf Wasserbasis. Die Kronen werden mit 200 ml Acryllack versiegelt und müssen 30 Minuten trocknen. Der Basisanstrich wird mit der Schwammtechnik aufgetragen: 2 EL Künstleracrylfarbe Eisenoxid und 1 EL Siena natur auf 1 Liter weiße, matte Vinylemulsion.

❹ SCHABLONEN MIT BLATTKUPFER
Das Blattkupfer wird wie oben beschrieben aufgetragen und versiegelt. Hier verwendet man einen blauen Basisanstrich, der wie in Beispiel 5 beschrieben gemischt wird.

3

4

❺ SCHABLONEN-MALEREI MIT SCHWAMMTECHNIK UND BLATTGOLD
Für das Schachbrettmuster wurde eine einfache, quadratische Schablone (20 x 20 cm) verwendet. Die erste Farbe wurde auf jedes zweite, markierte Quadrat aufgetragen und vor dem zweiten Anstrich 2–3 Stunden trocknen gelassen. Blau: 2 EL Kobaltblau und 1 EL Grau neutral auf 500 ml weiße, matte Vinylemulsion. Weicher Ockerton: 2 EL gelber Ocker und 1 EL Siena natur auf 500 ml weiße, matte Vinylemulsion. Die Kronen aus unechtem Blattgold wurden wie bei Beispiel 3 aufgetragen und versiegelt.

ARBEITEN MIT DRUCKSTÖCKEN

Mit Hilfe eines Druckstocks und Goldfarbe kann beinahe derselbe Effekt auf billigere und einfachere Weise erzielt werden. In vielen Fachgeschäften kann man eigens angefertigte Druckstöcke bestellen, und normalerweise erhält man eine Rolle zusammen mit dem Druckstock. Wenn nicht, kauft man sie in einem Geschäft für Künstlerbedarf. Man gießt ein wenig Goldfarbe auf eine Untertasse und überträgt die Farbe mit Hilfe der Rolle auf den Druckstock. Anschließend setzt man den leicht gekrümmten Druckstock auf die gestrichene Fläche und wiegt ihn hin und her, um das gesamte Motiv gleichmäßig abzudrucken. Druckstock vorsichtig wieder abheben und die Farbe 30 Minuten trocknen lassen.

Goldfarbe wird auf den Druckstock gerollt. Vor dem Auftragen des Motivs darauf achten, daß der Druckstock vollständig mit Farbe bedeckt ist.

❻ DRUCKSTOCK-TECHNIK – GOLD
Goldfarbe auf Ocker-Basisanstrich (siehe oben). Der Abdruck wird präziser, jedoch weniger farbintensiv als mit Schablonen und Blattgold.

❼ DRUCKSTOCK-TECHNIK – BLAU
Für den Abdruck wird Blau verwendet (Rezept siehe Beispiel 5). Für den Basisanstrich wurde wieder der weiche Ockerton verwendet.

BEZUGSQUELLEN

Die meisten der in diesem Buch beschriebenen Materialien sind in Fachgeschäften für Farben und Lacke sowie Künstlerbedarf erhältlich. Die genannten Geschäfte (hier eine Adressenauswahl) führen ein größeres Sortiment an Malerbedarf und -zubehör sowie Spezialprodukte. Einige davon versenden auch per Post. Viele Farbenfachgeschäfte können anhand individueller Vorlage die von Ihnen gewünschte Farbe für Sie mischen.

DEUTSCHLAND

Farben Schnalke GmbH
Großenhainerstraße 145
01129 Dresden
Künstlerbedarfsartikel, Öle, Lacke, Schablonen

Dr. Albert Schultze
Farben und Malerbedarf
Grünewaldstraße 5
04103 Leipzig
Tapeten, Farben, Lacke, Künstlerbedarfsartikel, Renovierungsprodukte

Schaberow GmbH
Hardenbergstraße 19
10623 Berlin
Künstlerbedarfsartikel

Otto Ebeling GmbH
Fuggerstraße 43–45
10777 Berlin
Künstlermaterialien, Leime, Kreiden, Schellacke, Vergolderbedarf

Dierk Müller
Grindelhof 62
20146 Hamburg
Mal- und Künstlerbedarf, Vergoldermaterialien

stuck modern
Dammin & Co.
Bahnhofstr. 52a
21614 Buxtehude
Stuck-Dekorationselemente

Michael Radigk
Bahrenfelder Straße 49
22765 Hamburg-Altona
Maltuche und Künstlerbedarf

LUKAS
Dr. Schoenfeld GmbH & Co. KG
Harffstraße 40
40591 Düsseldorf
Künstlerfarben und Maltuchfabrik

Schmincke & Co.
Otto-Hahn-Straße 2
40699 Erkrath
Feinste Künstlerfarben und Malgründe

Kölner Malkasten
Breite Straße 161–167
50667 Köln
Lose Pigmente, Airbrush- und Schablonierzubehör, Vergolderartikel

Bruno Wolkenaer OHG
Ehrenstraße 6
50672 Köln
Spezialgeschäft für außergewöhnliche Anstrichmethoden, Spezialpinsel für alle Techniken, Blattmetalle

Farben Jenisch GmbH
Berliner Straße 74
60311 Frankfurt
Lacke und Farben, Vergoldermaterialien, Künstlerbedarfsartikel

Farbe und Raumdekor Peter Pauer
Nordwestzentrum
60439 Frankfurt
Künstlerbedarfsartikel, Materialien für alle Maltechniken, Granitfarben

Hobbyring
Neckarstraße 10
72666 Neckartailfingen
Farben für Antikeffekte, Materialien für Schablonen- und Brandmalerei, Metallprägen

Farben Klotz
Farben, Tapeten, Künstlerartikel
Nymphenburger Str. 184
80634 München
und Amalienstr. 93
80799 München
Tapeten, Mal- und Zeichenbedarf, Bilderrahmen, mineralische und umweltfreundliche Wand- und Lackfarben. Umfangreiches Sortiment an Künstlerartikeln. Mischt jeden Farbton

daVinci
Gustav-Adolf-Straße 33
90439 Nürnberg
Künstlerpinselfabrik

Noris Blattgold GmbH
Blattgold Spezialfabrik
Rennmühle 3
91126 Schwabach
Auftragsanfertigungen: echtes Blattgold in 25 Farben; Blattsilber, Blattmetalle und alle Vergolderartikel

C. Kreul GmbH & Co. KG
Hainbrunnenstraße 8
91301 Forchheim
Künstlerfarben- und Maltuchfabrik

deffner & Johann
Mühläcker Straße 13
97520 Röthlein
Feinste Pigmente, hochwertige Pinsel, Leime, Kreiden, Vergoldermaterialien, Werkzeuge und Materialien für alte Techniken, Lösemittel, Acrylate, Lascaux-Restaurierungsprodukte etc.

ÖSTERREICH

Alois Ebeseder
Babenbergerstraße 3
1010 Wien
Feinste Künstlerfarben, Pigmente, großes Pinselsortiment, Kreiden, Vergoldermaterialien, Materialien für alte Techniken

Otto Kummer
Schottenfeldgasse 3
1070 Wien
Feinste Künstlerfarben, Malgründe, großes Pinselsortiment, Vergoldermaterialien, Pigmente, Leime, Kreiden, Materialien für alte Techniken, Lascaux-Restaurierungsprodukte

Wilhelm Raunegger
Schottenfeldgasse 65
1070 Wien
Feinste Künstlerfarben, Restaurierungs- und Antikbedarf

Erhard Willensdorfer
Amethgasse 50
1160 Wien
Feinste Pigmente, Wandfarben, Kunststoffdispersionen, Leim- und Künstlerfarben, Lacke, Wachse, Kreiden, Holzbeizen. Mischt jeden Farbton

Mittermayer GmbH
Klostergasse 22
2340 Mödling
Feinste Künstlerfarben, großes Pinselsortiment, Vergoldermaterialien, Pigmente, Leime, mineralische und umweltfreundliche Wand- und Lackfarben

Epp + Gschmeidler Lacke & Farben GesmbH
Linzer Bundesstraße 104
5020 Salzburg
Feinste Künstlerfarben und Malgründe

Mathis Farbenlaube
Riedgasse 1
6850 Dornbirn
Feinste Künstlerfarben

SCHWEIZ

Thomas Lachenmeier-Farben
Clarastraße 48
4021 Basel
Künstlerbedarf, Farben, Lacke

Farbenhaus Wollishofen
Mutschellenstraße 175
8038 Zürich
Farben, Öl, Acryl, Tempera, Künstlerzubehör

LITERATUR-EMPFEHLUNGEN

Handbuch der Maler- und Lackierpraxis, Bd. 1. Callwey Verlag, München 1986

INNES, J.: Die neue Zauberei mit Farben. DuMont Buchverlag, Köln 1993

INNES, J.: Junges Design für alte Möbel. Effektvoll marmorieren, schablonieren, patinieren. Callwey Verlag, München 1993

Lexikon der Anstrich-Technik, Bd. 1: Grundlagen; Bd.: 2 Anwendung. Callwey Verlag, München 1987/1985

MAIERBACHER, I.: Schablonieren – 140 historische Vorlagen zur individuellen Raumgestaltung. Callwey Verlag, München 1995

MCCLOUD, K.: Kreative Raumgestaltung. Grundlagen, Techniken, Schritt-für-Schritt-Anleitungen. BLV Verlag, München 1996

SCHNAUS, E.: Oberflächenbehandlung alter Möbel. Ravensburger Buchverlag, Ravensburg 1992

SCHÖNBURG, K.: Wandmalerei innen und außen. Gestalten mit Öl- und Lackfarben sowie Vergolden. Bauverlag, Wiesbaden 1990

SCHÖNBURG, K.: Gestalten mit wäßrigen Anstrichstoffen. Bauverlag, Wiesbaden 1988

SLOAN, A./K. GWYNN: Handbuch der dekorativen Maltechniken. Ravensburger Buchverlag, Ravensburg 1995

SLOAN, A./K. GWYNN: Dekorative Farbgestaltung für Wohnräume mit nostalgischem Flair. Natürliche Farben und Firnisse selbst herstellen. Einführung in die traditionellen Techniken der Farbgestaltung. Mosaik Verlag, München 1995

Abbeizgel 43
Abbeizmittel, chem. 43, 45
Abbeizpaste 43
Abdeckband 32
Abdecktücher 32
abgeriebene Holzlasuren:
Farbrezept 120–123
abgeschliffener Putz:
Farbrezept 88–90
Abstauber 28
Acrylgesso 16
Mengenangaben 40
Acrylprodukte:
Grundierung 16, 40
Künstleracrylfarben 14, 15
Lack 24, 25
Lasurmittel 21
Mengenangaben 40
Voranstrich 17, 40
Ädern:
Marmorieren 143–145
Steinblocktechnik 96
Äthylalkohol 20
Dispergieren der Lasur mit 20
Grünspan 20
Kalken 20
Allzweckgrundierung 16, 17
Mengenangaben 40
altägyptische Farben 81–83
Anstriche:
gleichmäßig deckend 34
ungleichmäßig deckend 34
siehe auch Wandanstriche
Antikisieren:
Farbrezept 104–105,
Holztechniken 102–103, 126–127, 129–130
Leder 176
mit Äthylalkohol 20
Vergolden 180–183
von Farbe 129–130
Antiklasur 104–105
antikisierende Patina 21
Aufbewahrung 40
Außenlack 25

Basisanstrich 9
Mischen 39
Bauhaus 9
Beizen:
auf Wasserbasis 118
Farbrezept 117–119
Holz 102
spirituslösliche 14, 15, 118
von Bodenmustern 118–119
Beton, streichen 46
Bienenwachs 22
Bienenwachskügelchen 22
Bindemittel 18
Mengenangaben 40
Binder:
EVA 23
PVA 16, 23
Binder, weißer 23
Blattaluminium 27, 183
Blattgold:
gebrochenes 183
unechtes 27
Blattkupfer 27, 183
Blattmetall, unechtes 27
Schablonenmalerei 186–187
Vergolden 168, 180–183
Blattmotiv:
Schablonenmalerei 184–186
Blattsilber:
Schablonenmalerei 186
Bleianstrich 156
Farbrezept 164–165
Schlämmkreide 23
Bleichmittel 44
Bleistifte 32
Bloomsbury-Blatt:
Schablonenmalerei 184–186
Bloomsbury-Gruppe 7
Bootslack 24, 25
Bronzepulver 27
Bronzieren
Farbrezept 178–179
Bürsten 28

Chagrin-Effekt 20
Farbrezept 174–175
Charleston 7, 141

Dachshaarvertreiber 28
Dekorative Techniken 168–187
Bronzieren 178–179
Chagrin 174–175
Lackarbeiten 170–171
Leder 176–177
Schablonenmalerei 184–187
Schildpatt 172–173
Vergolden 180–183
Dimension, Farbe und 51
Dispergieren der Lasur mit Äthylalkohol 20
Drahtbürste 32
Druckstöcke 187
dünne Farbüberzüge:
auf Holz 102, 124–125
Kalken 68–69
Testen 39
verblassendes Lasieren 72–73
Waschtechnik 52–55

Eierschalenfarbe 18, 19
Mengenangaben 40
Eisenimitation 156
Farbrezept 116–117
Eisenoxid-Grundierung 16, 17
Mengenangaben 40
Emaillack, franz. 24, 25
Emulsionsfarbe:
Mengenangaben 40
Entfernen 42, 43
Vinyl, matt 18, 19
Vinyl, seidenmatt 18, 19
EVA-Binder 23

Fächerpinsel 29
Farbe:
altägyptische 81–83
Arten 14–15
Aufbewahrung 40
auf Wasserbasis 19
Basisanstrich 51
Bindemittel 18–19
Dimension 51
Fehler korrigieren 40
Holztechniken 102
mediterrane 78–80
Mengenangaben 40
Metallfarben 26–27
Mischen 39–40
Shaker 7, 134–137
Sicherheitshinweise 41
skandinavische 131–133
Testen 39
toxische 41
Trocknungszeiten 38
Farbeimer 33
Farben, gebrochene 52
Faserplatte (MDF) 43
Feinmaserpinsel 29, 111
Fensterkitt 43
Flächenvorbehandlung 42–47
Flächenstreicher 28
Flächenstreicher für Öl 29
Freskenimitation 23
Farbrezept 76–77
Friese 91–93
Fußböden, beizen 118–119
fusselfreies Tuch 33

Gartenmöbel, Metalltechniken 157
gestrichene Flächen überstreichen 42, 43
gestrichenes Metall überstreichen 45
Gitter und Geländer, Metalltechniken 157
Glanzfarbe 18, 19
Mengenangaben 40
überstreichen 42, 43
Glasfaser, streichen 47
gleichmäßig deckender Anstrich 34
Goldfarbe 27
Druckstocktechnik 187
Goldleim 180
italienischer 26, 180
japanischer 26, 180
Goldpaste 27
Granit, streichen 44
Granitanstrich 140–141
Farbrezept 152–153
Graphitpulver 27
Grundierungen 16–17
Mengenangaben 40
Vorbehandlung 42–47
Grünspanimitation 20, 156–157
Farbrezept 161–163

Handschuhe 32
Haushaltspinsel 28
Holz, streichen 43
Holzbeizen, testen 39
Holzgrundierung 16, 17
Mengenangaben 40
Holzmaserung:
Farbrezept 108–111
Pinsel 29
Werkzeuge 29, 111
Holztechniken 102–139
Antikisieren von Farbe 102–105, 126–127, 129–130
Beizen 117–119
dünne Farbüberzüge 102, 124–125
Geschichte 6
Kalken 102, 103
Krakelee auf Ölbasis 115–116
Krakelee auf Wasserbasis 112–114
Shaker-Farben 134–137
skandinavische Farben 131–133
Sprenkeln 106–107

Imitationstechniken 50
Marmorieren 142–145
Steinblocktechnik 94–96
italienischer Goldleim 26, 180

Japanischer Goldleim 26, 180

REGISTER

Kalken 20
  Farbrezept 68–69
  von Holz 102, 103
Kalkwachs 22, 23
Kaltpatina-Flüssigkeiten 157, 158
Kamm 29
Kammziehen:
  Farbrezept 138–139
  Technik 37
Karosserieschaum 47
Kaseinfarbe 19
  Holzeffekte 103
  Mengenangaben 40
  Shaker-Palette 134–137
Kiefer, antikisieren 104–105
Krakelee 112–116
Krakelieren *siehe* Krakelee
Kreidepulver 23
Küchen:
  Holztechniken 103
  Metalltechniken 157
Künstleracrylfarben 14, 15
Künstlerölfarben 14, 15
Künstlerpinsel 30
Kunststoff, streichen 47
Kunststoffbeschichtetes Metall, streichen 45
Kunststoffbeschichtung, Wände, streichen 42
Kupfer, kaltpatinieren 158

Lackarbeiten:
  Farbrezept 170–171
Lacke 24–25
Lackfarbe 18, 19, 168
  Mengenangaben 40
Lackpinsel 30
Lackierpinsel 30
lackiertes Holz, streichen 43
lackiertes Metall, streichen 45
Lapislazuli 8, 26, 141
  Farbrezept 146–147
Lasieren, trockenes 70–71
Lasuren:
  Arten 20–21
  Dispergieren mit Äthylalkohol 20
  Korrigieren 40
  Mischen 39
  Testen 39
Lasurmittel:
  Acryllasurmittel 21
  Mischen 39
  Öllasurmittel 21
  Waschtechnik 21
Leder, Farbrezept 176–177
Leim, Vergolden 26, 180
Leinöl 21
Lineal 32
Lösungsmittel 20

Maltechniken 34–37
  Farbeffekte 35–37
  Beseitigen von Pinselspuren 34–35
Marmor, streichen 44
Marmorimitation 140
  Farbrezept 142–145
  Geschichte 6
Maserieren:
  Farbrezept 108–111
  Maltechnik 37
  Werkzeuge 29
Materialien 14–27
  Bindemittel 18–19
  Farben 14–15
  für Metalltechniken 26–27
  Grundierungen und Voranstriche 16–17
  Lacke und Versiegeler 24–25
  Lasuren und Lösungsmittel 20–21
  Wachse, Pulver und Pasten 22–23
Meßbecher 33
Meßlöffel 39
mediterrane Farben 78–80
Messing, kaltpatinieren 158–159
Metall, Vorbehandlung 45
Metall-Farbeimer 33
Metallgrundierung 16, 17
Mengenangaben 40
Metallpulver 27
Metallfarben 26–27
Metalltechniken 156–167
  Blei 164–165
  Eisen 166–167
  Grünspan 161–163
  Patina 158–159
  Rost 160
Milchfarbe 9, 18, 19
  Holzeffekte 103
  Mengenangaben 40
  Shaker-Farben 134–137
Mineralfarbe 18, 19
  Mengenangaben 40
Mischen von Farben 39–40
Möbelwachs 22
Modler 29
Moiré 37

Naturhaarpinsel 31

Ölfarben 19
  Aufbewahrung 40
  Fehlerkorrektur 40
  Künstlerölfarben 14, 15
  Pinselpflege 37
  Trocknungszeiten 38
Ölfixativ 25
Ölflecken, entfernen 46
Öllasuren 21
  Mischen 39
  Ziehen 21

Parthenon, Athen 8–9
Pasten 22–23
Patinieren:
  altes Holz 103
  Metalltechniken 158–159
Pigmente 14
  Mischen 39
  Pulverpigmente 15, 118
  Quelle der 14, 81
  Verschnittmittel 14
Pinsel:
  Arten 28–31
  Pflege 37
Pinselspuren, beseitigen von 34
Pinsel, alte 31
Pinsellasuren, lockere:
  Farbrezept 74–75
Planung 38
Plastikfarbeimer 33
Politur:
  schwarz 22
  weiß 22
Polyurethanlack 24, 25
Pompeji 9
Porphyr 141
  Farbrezept 150–151
Putz:
  abgeblätterter Putz, Farbrezept 97–99
  abgeschliffener Putz, Farbrezept 88–90
  falscher Putz 84–85
  Streichen 42, 46
Pulver 22–23
  Metallpulver 26–27
  Pigmente 14–15
PVA-Binder 16, 23
  Mengenangaben 40

Reinigen der Oberflächen 42–47
Reißlack:
  Farbrezept 112–114, 115–116
  Ölbasis 24, 25, 115–116
  Wasserbasis 24, 25, 112–114
Reparieren der Oberflächen 42–47
rostiges Metall, streichen 45
Rostimitation 156, 157
  Farbrezept 160
Rührwerkzeuge 33

Sand 23
  Strukturieren, Farbrezept 100–101
Sandstein, streichen 44
Sandsteinimitation 140, 141
  Farbrezept 148–149
Schablonenmalerei 168, 169, 184–187
Schablonenpinsel 31
Schatten, Steinblocktechnik 96
Schellack 24, 25
Schiefer, streichen 44
Schlagen 36
Schläger 29
Schlepper 30
Schmierseife 42, 43, 44, 45, 47
Schleifpapier 33, 43
Schneiderkreide 23
Schutzmasken 32
Schwämme 33
Schwammtechnik:
  Farbrezept 56–57
  Schablonenmalerei 187
  Technik 35
Shaker-Farben 7, 134–137
Schildpatt:
  Farbrezept 172–173
  Geschichte 6
Schlämmkreide 23
Sicherheitshinweise 41
Simse, Steintechniken 140
Silberfarbe 27
  Eisenimitation 166–167
skandinavische Farben 7, 131–133
Skalpell 33
Spachtel 32
Spachtelmasse 42, 43, 44, 46
Spachtelmasse, für Holz 43
Spalter 30
Spanplatten, streichen 43
Sperrholz, streichen 43
Spitzbohrer 33
Sprenkeln 127
  Farbrezept 106–107
  Granitimitation 152–153
  Lapislazuli 26, 146–147
  Porphyrimitation 150–151
  Schildpattimitation 173
  Technik 36
Stahl, kaltpatinieren 158
Stahllineal 32
Stahlwolle 33, 45
  Ziehen 35
Stanley-Messer 33
Stein, streichen 44
Steintechniken 140–155
  Geschichte 6
  Granit 152–153

Lapislazuli 146–147
Marmorieren 142–145
Porphyr 150–151
Sandstein 148–149
Steinblocktechnik 94–96
Terrakotta 154–155
Strichzieher 30
Strukturieren
Farbrezept 100–101
Strukturstempel 29
Stupfen 51
Stupfbürste 29
Farbrezept 64–65
Technik 35

T-Schiene 32
Tafelfarbe 18, 19
Tapetenkleister 42
Tapezierbürste 28
Tapezierte Flächen, streichen 42
Terrakotta 140–141
Farbrezept 154–155
Streichen 46
Terpentinersatz 20
Testbenzin 20
Pinselpflege 37
Testen 39
Textilfarbe 15, 118
Tiefgrund 16, 17
toxische Farben 41
Trocknungszeiten 38
Tuch, fusselfreies 33
Tücher 33

Ungleichmäßig deckender Anstrich 34
Untertapete 42
Utensilien 32

Verblassendes Lasieren:
Farbrezept 72–73
Verdünner 20
Mischen 39
Vergolden 11, 168
Farbrezept 180–183
Geschichte 6
Grundierungen 16
Materialien 26
Schablonenmalerei 186–187
Versiegeler 24–25
Versiegeltes Holz, streichen 43
Verstärkung der Transparenz 21
Vertreiber 29
Vertreiber, kleiner 29
Verschnittmittel 14
Vinyl, streichen 47
Vinylemulsion, matt 18–19
Vinylemulsion, seidenmatt 18–19
Voranstriche:
Arten 16–17
Mengenangaben 40
Vorbehandlung 42–47
Voranstriche auf Ölbasis 17
Mengenangaben 40
Voranstriche auf Wasserbasis 17
Mengenangaben 40

Wachse 22
Wände, streichen 42
Wahl eines Anstrichs 38
Wandanstriche 50–51
abgeblätterter Putz 97–99
abgeschliffener Putz 88–90
altägyptische Farben 81–83
verblassendes Lasieren 72–73
einfache Fresken 76–77
Waschtechnik 52–55
falscher Putz 84–85
Wandfriese 91–93
Kalken 68–69
Wickeltechnik 58–61
Lockere Pinsellasuren 74–75
Zugtechnik 62–63
Mediterrane Farben 78–80
Schwammtechnik 56–57
Steinblocktechnik 94–96
Strukturieren 100–101
Stupfen 64–65
trockenes Lasieren 70–71
Wasser, als Lösungsmittel 20
Wasser-auf-Öl-Technik 20
Wegwerfhandschuhe 32
Weiße Politur 22
Weißer Binder 23
Weißes Wachs 22
Wickeltechnik:
Farbrezept 58–61
Technik 36

Ziegel, streichen 42
Ziehen, vertikal 37
Ziehen von Bögen 37
Zugtechnik 51
Farbrezept 62–63
Technik 35
Verlängern der Arbeitszeit 21

DANKSAGUNG DER AUTORIN

Die Autorin dankt folgenden Personen für ihre Unterstützung: Mark für die Anfertigung der Modelle, die fachmännischen Antikisierungstechniken und die harte Arbeit. Ohne ihn wäre dieses Buch nicht zustandegekommen; Lord und Lady Cobbold – durch ihre Aufmunterung und die Inspiration von Knebworth House gelang es der Autorin, eine Wende in ihrem Leben herbeizuführen; Gabi Tubbs für das bewiesene Vertrauen; Quadrille, Patrick McLeavey und Jo Brewer, für ihre Unterstützung; Mary Davies mit ihren erstaunlichen Meisterstücken (von ihr erwartet sich die Autorin weitere Glanzleistungen in der Abteilung für Farbeffekte); Debbie Patterson und Linda Burgess für die wunderbaren Fotos; ebenso Bob, Maurice und Sam und allen von Courier Cars für die vollbrachten Glanzleistungen; John von Scumble Goosie für seine Arbeiten und den Zeitungshalter; sowie der Crew von Plasterworks; letztendlich jedem, der nicht erwähnt wurde und ebenfalls zum Entstehen dieses Buches beigetragen hat.

BILDNACHWEIS

Der Verlag dankt folgenden Fotografen und Organisationen für die freundliche Genehmigung zur Reproduktion der Fotos dieses Buches:

Baldwin, Jan: 95 (*Homes & Gardens / Robert Harding Syndication*). Beddow, Tim: 61, 90 (*Country Living Magazine*). Brown, Simon: 74 (Design: Christopher Gollut/*The Interior Archive*); 125 (Francois Gilles/*The Interior Archive*); 102 o. (*Country Homes & Interiors/Robert Harding Syndication*); 51 u., 66 u., 99, 123, 169 u. (*The Interior Archive*). Bryant, Richard: 141 o. (Charleston Farm House/*Arcaid*); 100 (Costa Careyes Villa, zwischen Puerto Vallarta und Nanzamillo am Mexikanischen Pazifik/*Arcaid*). Burgess, Linda: 163. Chabaneix, Gilles de: 102 u. (Stilist: Rozensztroch/*Marie Claire Maison*). Chevallier, Pascal: 2, 8 o., 87, 66–67 o. (*Agencé Top/* Michel Klein's house, Provence). Drake, Christopher: 140 u. (*Country Homes & Interiors/Robert Harding Syndication*); 170 (*Homes & Gardens/Robert Harding Syndication*). Einsiedel, Andreas von: 172 (*Elizabeth Whiting & Associates*). George, David: 4, 131, 133, 141 u. (*Elizabeth Whiting & Associates*). Giardin, Gian Carlo: 157 u. Hales, Mick: 55, 103 o. Hedworth, Huntley: 168 u. (*Country Living Magazine*). Johnson, Hugh: 50 o. (*Country Living Magazine*). Kirkwood, Ken: 144 (Penhow Castle, Gwent/*Arcaid*). Lee, Simon: 185 o. (*Country Living Magazine*); 186 o. Lewis, Di: 156 u. (*Elizabeth Whiting & Associates*). Lorimer, Neil: 126 u. (*Elizabeth Whiting & Associates*). Mc Bride, Simon: 6 (*Country Living Magazine*); 8 u., 126–127 b. Merrell, James: 10 (*Country Living Magazine*). Mortimer, James: 11 o. (Design: Christophe Gollut/*The Interior Archive*); 86 o.r. (*The Interior Archive*). Nüttgens, F.: 156 o. (Brigitte/*Camera Press*). Parmiter, David: 140 o. (Design: Martin Bass). Parry, Ian: 83 (*Abode*). Patterson, Debbie: 5, 12–13, 54, 104, 120–121, 128, 136, 149–150, 155, 159, 165, 167, 175, 179, 182. Phelps, David: 67 o.r. (Courtesy – *American HomeStyle Magazine*/Design: Michael Berman). Powell, Spike: 169 o. (*Country Living Magazine*). Richards, Trevor: 48–49; 79 (*Abode*); 114 (*Homes & Gardens/Robert Harding Syndication*). Ruthven, Ianthe: 7 (Charleston Farm House); 103 u. Ryan, Paul: 134 (Shinbach/*International Interiors*); 9, 161 (*International Interiors*). Schulenberg, Fritz von der: 157 o. (*Country Homes & Interiors / Robert Harding Syndication*). Simon-Sykes, Christopher: 51 o.; 70, 86 u. (Künstlerin: Celia Lyttleton/ *The Interior Archive*). Snitt, Ingalill: 67 u., 86 o.l., 127 o.r. Street-Porter, Tim: 11 u. (Design: Brett Landenberger & Scott Waterman); 50 u. (*Elizabeth Whiting & Associates*); 92 (Design: Michael Anderson); 168 o. (Dekorateur: Tom Beeton). *Whiting, Elizabeth & Associates*: 52.

Die Farbmuster, Materialien und Geräte wurden von Patrick McLeavey fotografiert. Die Leiterzeichnungen stammen von Clive Goodyer und die Zeichnungen auf Seite 39 von Caroline Della Porta.

Kreative Gestaltungsideen

Linda Seward
Quilts
Klassische amerikanische Quilts und Vorschläge für kleinere Projekte in Quiltoptik mit umfassenden Schritt-für-Schritt-Anleitungen für Anfänger und Geübte, Schablonen in Originalgröße und Quiltvorlagen zum Abpausen.

Kevin McCloud
Kreative Raumgestaltung
Die Kunst des Dekorierens: Grundlagen, Werkzeuge, Materialien, Schritt-für-Schritt-Anleitungen zu den Dekorationstechniken – von Alt-, Antik- und Täuschungseffekten bis zu Vergolden, Motivmalerei und Farbgestaltung.

Sybil Edwards/Chris Moore/Lynette Bleiler
Die Kunst der Bauernmalerei
Techniken und dekorative Muster zum Selbermachen
Ansprechend gestaltetes, aufwendig ausgestattetes Arbeitsbuch: Objekte mit floralen und klassischen Mustern, Tiermotiven und Ornamenten verschönern – mit Entwürfen und Schritt-für-Schritt-Anleitungen.

Heinz Fehnker
Edle Sträuße und Arrangements
100 anspruchsvolle Objekte, die speziell für diesen Bildband entworfen und gekonnt in Szene gesetzt wurden – Sträuße, Gestecke, Tischdekorationen und Raumschmuck für viele Gelegenheiten und jede Jahreszeit.

Jenny Raworth/Susan Berry
Trockenblumen-Arrangements für alle Jahreszeiten
Kreative Ideen, inspirierende Farbfotos und Schritt-für-Schritt-Anleitungen für außergewöhnliche und professionell wirkende Arrangements – vom Frühlingsblumenstrauß bis zum Adventskranz.

Bill Laws
Landhaus-Träume
Der Zauber ländlicher Wohnkultur: die schönsten Landhäuser von England bis USA, von Skandinavien bis Griechenland – mit vielen Farbfotos, typischen Gestaltungselementen und der passenden Inneneinrichtung.

Johann Wanner/Evelyn Scherfenberg
Johann Wanners Weihnachtswelt
Tradition · Dekorationskunst · Christbaumzauber
Bezaubernde Dekorationsideen des weltweit erfolgreichsten Weihnachtsbaum-Designers: anspruchsvoll gestalteter Bildband zum Staunen, Blättern und Schmökern mit vielen leicht umsetzbaren Anleitungen für die eigene Weihnachtsbaumgestaltung.

Evemarie Brändle/Franz Xaver Wittmann
Sanierung alter Häuser mit Öko-Tips zu Baustoffen
Das Know-how für die fachgerechte, kostengünstige Instandsetzung wertvoller Bausubstanz, traditionelle Handwerkstechniken und die Berücksichtigung moderner Wohnbedürfnisse.

Im BLV Verlag finden Sie Bücher zu folgenden Themen: Garten und Zimmerpflanzen • Edition Galleria • Natur • Heimtiere • Jagd • Angeln • Pferde und Reiten • Sport und Fitneß • Tauchen • Reise • Wandern, Alpinismus, Abenteuer • Essen und Trinken • Gesundheit und Wohlbefinden

BLV
Wenn Sie ausführliche Informationen wünschen, schreiben Sie bitte an:
BLV Verlagsgesellschaft mbH • Postfach 400320 • 80703 München
Telefon 089/12705-0 • Telefax 089/12705-543